LA FAMILIA
DESDE UNA
PERSPECTIVA BÍBLICA

Compilado por Les Thompson

Contiene un estudio programado por la Universidad
Facultad Latinoamericana de Estudios Teológicos

Unilit

LA FAMILIA DESDE UNA PERSPECTIVA BÍBLICA
Revisión 2003

© 1995 Logoi, Inc. Derechos reservados
Primera edición en castellano 1998
Segunda edición reeditada especialmente para el programa de estudios de FLET

Universidad FLET
14540 S.W. 136 Street, Suite 202
Miami, Florida 33186

Compilador: Les Thompson
Diseño textual: J. Lourdes Ramírez
Portada: Meredith Bozek

Producto: 499204
ISBN: 0-7899-0521-3
Impreso en Colombia

CONTENIDO

INTRODUCCIÓN GENERAL

Durante una conferencia panamericana realizada en Caracas, Venezuela, se informó que en el año 2000 el SIDA dejará diez millones de huérfanos. Actualmente hay 500.000 niños afectados por el mal.

Cada día son mayores los índices de matrimonios que derivan en divorcio o en separaciones de hecho. Por otra parte, en Buenos Aires, la Subsecretaría de la Mujer informó que más de 7000 mujeres denunciaron que sus maridos las golpean. Es evidente que: «En el mundo de hoy existen influencias extrañas, hostiles, destructoras de hogares. Los antiguos elementos que sustentaban a la sociedad ya no nos alientan ni protegen. El hogar cristiano tiene que florecer en un campo de mala hierba. Nuestra tarea es, entonces, incrementar nuestra resistencia, y vivir en familia de tal manera que surja una belleza especial y notable en cada uno de los miembros de los hogares cristianos» (Howard G. Hendricks, *El cielo puede ayudar*, p. 12).

Estas palabras, escritas por un reconocido educador evangélico, son de directa aplicación a nuestro tema, La familia a la que pertenezco. *Ya nadie pone en duda que la familia como institución está en bancarrota. Conflictos sociales, psicológicos y espirituales han incidido para que el matrimonio y la familia sean vistos por mucha gente como instituciones en vías de desaparecer. Sin embargo, los cristianos sabemos que tanto el matrimonio como la familia son instituciones esenciales, creadas por Dios aun antes de la entrada del pecado en el mundo.*

¿Qué hacer, entonces, para reafirmar la familia? ¿Qué hacer para revitalizar la frescura de la relación matrimonial? Es en busca de respuestas bíblicas pertinentes a nuestra situación actual, en cuanto al matrimonio y la familia, que se ha elaborado el presente curso, con la confianza de que, por la acción del Espíritu de Dios, se transforme en un medio de bendición para todos los matrimonios y familias que lo estudien.

Al iniciar un estudio, el estudiante se plantea una serie de interrogantes como: ¿Dónde están los vacíos en mi conocimiento de este tema? ¿Qué me enseñará? ¿Me ayudará en mis problemas personales? Como persona, ¿qué necesito para ser mejor padre, madre, hijo, especialmente en esta relación que llamamos familia? A veces, al contemplar nuestras deficiencias, nos sentimos como Tennyson:

> ¿ Quién soy yo...
> un infante que llora en la noche?
> un pequeñuelo en busca de luz?
> *una criatura sin habla que sólo sabe llorar?*

Hoy se define el hogar con una palabra: «PROBLEMAS». Hay conflictos entre marido y mujer, entre padres e hijos. En lugar de amor resalta la guerra, terminando en odio expresado en divorcio o delincuencia. Parece haber muy pocas soluciones. Por esto hemos querido preparar un estudio con soluciones, ¡soluciones que vienen de Dios!

Este texto de estudio preparado por el Lic. Alberto Roldán de Buenos Aires, Argentina, tiene como objetivo enseñarnos cómo amar y aunque es un libro de estudio, está diseñado para que el estudiante se involucre en el tema. No importa si es soltero o casado, el estudiante debe situarse en esa perspectiva para aprender más del asunto. ¡Con qué cuidado ha tomado Roldán los seis elementos básicos de la adquisición de conocimiento —información, entendimiento, memoria, análisis, síntesis, y evaluación—y los ha aplicado a la familia! Nos conduce —con estudios bíblicos, sugerencias, ejemplos, y escritos de expertos en el tema— por una senda creativa que resultará en familias cristianas que viven su relación amorosa bíblicamente. ¡Gracias, che!

También merece mención especial el Lic. Fulvio Moris, pastor bautista y profesor de filosofía en Montevideo, Uruguay. Junto a nueve montevideanos, hizo una prueba del programa, ofreciendo muy valiosas sugerencias para el perfeccionamiento de este curso. A todos ellos, ¡mil gracias! ¡Dios bendiga a cada persona que toma este curso!

capítulo 1

EL ORIGEN DE LA FAMILIA

Dr. Ed Wheat[1]

Al estudiar la Palabra de Dios y meditar luego en ella, comprobamos cómo muchas veces nos equivocamos en nuestra manera de pensar. Sucede que la sociedad en que vivimos se orienta por sofismas y presupuestos que están en oposición al designio de Dios. Necesitamos tener bien claro en nuestras mentes que el matrimonio fue diseñado exclusivamente por Dios y sus finalidades fueron, entre otras, remediar la soledad humana y traer felicidad al hombre y la mujer. En este estudio, verá dónde y cómo debe comenzar el matrimonio y lo que implica en términos de unidad.

En este estudio

1. Exploraremos cuál es el primer problema que el matrimonio está llamado a solucionar.
2. Apreciaremos la importancia de la mujer como compañera idónea del hombre.
3. Observaremos cómo el divorcio se opone al propósito original del Creador.
4. Exploraremos lo que significa, en términos prácticos, dejar al padre y a la madre para formar un matrimonio.
5. Aprenderemos el significado original de la expresión «se unirá a su mujer».
6. Apreciaremos la importancia de la unión sexual en el matrimonio.

Cuando me especializaba en matemáticas en la universidad aprendí que si uno no comienza con la premisa correcta al resolver un problema, no hay manera de obtener la respuesta correcta. De modo que, cuando llegué a ser cristiano, estudié la Biblia como si fuera un matemático. Es decir, pasé más tiempo en los primeros tres capítulos del Génesis que en cualquier otra parte de la Biblia, pues comprendí que estos capítulos constituían el fundamento de todo lo demás que hay en la misma. Descubrí que allí estaba, en forma de cápsula, la esencia de la verdad de Dios en lo concerniente al hombre y a la mujer, y a su relación con Dios y el uno con el otro. Allí comencé a entenderme y a entender a mi esposa, a hallar el perfecto designio de Dios para nuestra vida matrimonial y su propósito para nuestra vida conyugal.

Así que, como matemático, me metí en un concienzudo estudio de esos capítulos fundamentales, sabiendo que tenía que estructurar mi vida y mi relación matrimonial basado en las premisas correctas si de veras quería salir bien al final. El resultado ha sido más maravilloso de lo que yo esperaba: una bella vida matrimonial, un hogar piadoso, y una vida de ministerio con la oportunidad de mostrar a muchas otras parejas cómo alcanzar la felicidad conyugal siguiendo el plan original de Dios.

Por supuesto, para establecer un enfoque del matrimonio basado en la verdad del Génesis, tuve que abandonar algunos conceptos que había aprendido en mi vida anterior. Pero pude hacer eso porque comprendí que contaba con una formación exacta. Pude reemplazar las ideas equivocadas con las correctas y luego vivir confiadamente en conformidad con estas últimas. Descubrí que podía depender de esta verdad, la que nunca me dejaría tomar malas decisiones ni dar malos consejos.

¿Y qué me dice usted, estimado lector? ¿Qué es lo que ha dado forma a su manera de pensar con respecto al matrimonio? ¿Puede depender de ese pensamiento?

DESCUBRIMIENTOS: LO FALSO Y LO VERDADERO

Quiero que considere cuidadosamente los supuestos fundamentales que gobiernan sus actitudes hacia la vida matrimonial y el amor. Algunos pueden ser falsos, otros pueden ser verdaderos. Es esencial que determine cuáles premisas son verdaderas, cuáles son dignas de basarse en ellas, y cuáles conceptos debe descartar por cuanto son falsos y, por lo tanto, no prácticos, y hasta potencialmente peligrosos.

Una pareja casada, a quienes llamaré Daniel y Carolina, habían llegado a este punto luego de muchos años de ser cristianos activos en una iglesia evangélica grande. Carolina consideraba a su esposo como «un hombre maravilloso y bondadoso» y un buen padre para sus hijos varones adolescentes. La vida conyugal de ellos era «agradable». Si la emoción parecía desaparecer de su relación, Carolina lo atribuía a los veinte años de vida matrimonial y a la edad de los dos, que pasaba un poco de los cuarenta.

Luego, el mundo de ella se conmovió hasta sus fundamentos cuando Daniel admitió que había tenido relaciones sexuales con una mujer que trabajaba con él en el ministerio musical de la iglesia. Daniel afirmó que la relación amorosa con esa mujer había terminado, pero una amiga íntima le aconsejó a Carolina que se divorciara sin demora, y le advirtió: «El adulterio mata al matrimonio. Y no está bien que te dejes usar como el felpudo que se coloca en la puerta».

Mientras Carolina, que se sentía perpleja y traicionada, se retiraba de su esposo, la joven del caso se mantenía activamente en pos de él. Daniel se había reunido con los diáconos para confesar su pecado, pero ahora se tornó renuente a asistir a la iglesia con su esposa e hijos. Los líderes de la congregación consideraron esto como una prueba de la insinceridad de él, y le predijeron a Carolina que el matrimonio no podría salvarse por cuanto «Daniel simplemente no estaba bien con Dios».

Daniel, profundamente deprimido, comenzó a pensar en conseguir un traslado de su trabajo para otra parte del país por un período de diez o más meses. Le explicó a Carolina: «La separación nos ayudará a comprender si realmente nos amamos el uno al otro, o no» La confidente de Carolina reaccionó con un consejo airado. Le dijo: «Empácale las maletas y déjaselas en las gradas del frente. ¡Cuanto antes mejor!»

Cuando Carolina me contó su historia, me quedé impresionado por el hecho de que todas las personas que entraron en esta dolorosa situación afirmaban ser creyentes en Jesucristo, que reconocían su Palabra como verdad: la esposa, el esposo, la otra mujer, la amiga que aconsejó a la esposa, y los líderes de la iglesia. Sin embargo, cada uno de éstos, a su propia manera, había demostrado una carencia de conocimientos de los principios bíblicos que podían preservar y sanar esa relación matrimonial. Tantísimos principios bíblicos importantes con respecto al matrimonio, al amor, al perdón, y a la restauración se violaron o se pasaron por alto que no es raro que Daniel y Carolina se sintieran ambos «congelados» en el dramático enredo e incapaces de hallarle salida.

> *Aún si los matrimonios se hacen en el cielo, el hombre tiene que ser responsable de su mantenimiento.*
> —Kroehler News

Desafortunadamente, ésta es una historia típica. La he oído muchas veces con pequeñas variaciones del tema básico. La comparto con usted, estimado lector, porque de ella se puede aprender muchísimo.

Mientras la aconsejaba, Carolina reflexionó en su propia manera de pensar y sus patrones de conducta. ¿Cuán válidas fueron sus acciones y reacciones durante la crisis? ¿Y qué las había impulsado? Sus decisiones, ¿fueron tomadas al calor de un falible consejo humano, o mediante el consejo eterno de Dios? ¿Qué supuestos básicos guiaron su pensamiento? ¿Eran falsas o verdaderas estas premisas?

Luego a Carolina le ocurrió algo muy interesante. Cuando se volvió a la Palabra de Dios, determinó seguir el consejo del Señor hacia donde la condujera y dejarle a Él los resultados. El consejo antibíblico que ella había recibido se le esfumó del pensamiento, y entonces comenzó a ver claramente lo falso y lo verdadero. Descubrió que hay un total desacuerdo entre la Biblia y el sistema de pensar del mundo en relación con el matrimonio y el divorcio, y que ella había sido engañada por Satanás, el maestro de la hipocresía, hasta el punto de creerle las mentiras con relación al matrimonio. Descubrió que Satanás puede actuar aun a través del cristiano que tenga las mejores intenciones, pero que tome el punto de vista humano en relación con el matrimonio, en vez de seguir la clara enseñanza bíblica de Dios. Aprendió también que, cuando los hombres y las mujeres reaccionan siguiendo sus inclinaciones naturales, generalmente, caen en decisiones equivocadas.

Según lo describió, tanto ella como Daniel habían caído en un abismo de pensamientos turbios, sentimientos confusos y reacciones fuera de tono. Sólo la verdad podía liberarlos. Los dos comenzaron a aprender de nuevo el proceso mediante el estudio del libro de Génesis, capítulos 1 al 3.

Toda pareja casada necesita saber la verdad completa con respecto al matrimonio, pero esta verdad nunca se hallará en las enseñanzas ni en los ejemplos del sistema del mundo. Lo mejor que este mundo puede ofrecer es un divorcio a bajo costo.

Generalmente, éste no obedece a ninguna razón válida y se obtiene muy fácilmente, lo cual le resulta muy cómodo a millares que, a tropezones, entran y salen del matrimonio como si éste fuera una puerta giratoria. Las palabras de un crítico social definieron esta situación en una sentencia clara y rotunda: «En la década que comenzó en 1970 —dijo—, ¡el divorcio llegó a ser el resultado natural del matrimonio!»

Si el divorcio se acepta ahora, y aun se espera que sea el resultado natural del matrimonio, es ésta una escalofriante herencia para las décadas venideras. Pero, ciertamente, no tenemos que adoptarla en nuestro pensamiento. Los creyentes de todas las culturas y de todas las edades que creen en la Biblia, han hallado la sabiduría y la fortaleza para nadar contra la corriente de los actuales estilos de vida. Notemos que la sabiduría bíblica viene primero; luego, la fuerza para ir contra la opinión popular, no importa cuán poderosa ésta sea.

Andemos juntos por el sendero bíblico que Daniel y Carolina siguieron en la búsqueda de la verdad fundamental sobre la cual estructurar su vida matrimonial.

Comenzaremos en el principio, con la creación del hombre y la mujer. Nuestro propósito es entender el matrimonio tal como Dios lo estableció, en contraste con las opiniones del mundo que nos rodea. Necesitamos examinar estos versículos del Génesis como si nunca antes los hubiéramos visto. No los consideramos como declaraciones gastadas, sino como una verdad para nuestras vidas individuales.

1. La idea de crear un hombre y una mujer fue de Dios.

«Y creó Dios al hombre a su imagen, a imagen de Dios lo creó; varón y hembra los creó» (Gn 1.27).

En Génesis 1 se narra el hecho de la creación del hombre, mientras que en Génesis 2 se nos revela el proceso a través del cual esto ocurrió. En el primer capítulo hallamos la verdad fundamental, ciertamente esencial para la apreciación del matrimonio, de que Dios hizo al varón y a la mujer para cumplir sus propios propósitos. Parece demasiado obvio, pero tal vez se deba señalar que la creación de dos clases de personas, hombres y mujeres, no fue una oscura conspiración para bloquear las ambiciones del movimiento femenino de liberación. La creación de las dos clases de personas no se hizo para humillar a las mujeres. En realidad, resultó ser un testimonio de lo contrario, pues la creación estaba incompleta sin la mujer. Mediante un acto creador, amoroso y asombroso, el Dios Todopoderoso concibió el maravilloso misterio del varón y la mujer, la masculinidad y la femineidad, para traer gozo a la vida. ¡Piense en cómo sería el mundo de descolorido y monótono si sólo existiera su clase de sexo! ¿Quién querría vivir en un mundo solamente masculino o solamente femenino? ¿O en uno en el que todas las marcas del género masculino o femenino se pasaran por alto o se suprimieran? La persona que se niega a comprender las diferencias fundamentales entre el varón y la mujer y a regocijarse en ellas, nunca gustará de la bondad divina que Dios planeó para el matrimonio.

2. El matrimonio fue diseñado por Dios para remediar el primer problema de la raza humana: la soledad

«Y dijo Jehová Dios: No es bueno que el hombre esté solo; le haré ayuda idónea para él. Jehová Dios formó, pues, de la tierra toda bestia del campo, y toda ave de los cielos, y trajo a Adán para que viese cómo las había de llamar; y todo lo que Adán llamó a los animales vivientes, ése es su nombre. Y puso Adán nombre a toda bestia y ave de los cielos y a todo ganado del campo; mas para Adán no se halló ayuda idónea para él. Entonces Jehová Dios hizo caer sueño profundo sobre Adán, y mientras éste dormía, tomó una de sus costillas, y cerró la carne en su lugar. Y de la costilla que Jehová Dios tomó del hombre, hizo una mujer, y la trajo al hombre» (Gn 2.18-22).

Imagínese a un hombre en un ambiente perfecto, pero solo. Adán tenía comunión con Dios y la compañía de las aves y el ganado. Tenía un trabajo interesante, pues se le encomendó la tarea de observar, clasificar, y dar nombre a los animales vivientes. Pero estaba solo. Dios contempló la situación y dijo: «No es bueno». Así que el Creador sabio y amante proveyó una solución perfecta. Hizo otra criatura similar al hombre y, sin embargo, maravillosamente diferente de él. Fue tomada de él, pero ella lo complementó. Ella resultó totalmente adecuada para él en lo espiritual, lo intelectual, lo emocional, y lo físico. Según Dios, ella fue diseñada para ser la «ayuda idónea» de él. Este término, «ayuda idónea», se refiere a una relación benéfica en la que una persona ayuda a sostener a otra como amiga y aliada. Tal vez usted haya pensado que una ayuda idónea es una persona subordinada, cierta clase de sierva glorificada. Pero tendrá nueva luz para considerar la vocación de la mujer cuando se dé cuenta de que la misma palabra hebrea que se traduce ayuda se le aplica a Dios en el Salmo 46.1: *«Nuestro pronto auxilio [ayuda] en las tribulaciones.»*

El matrimonio comienza siempre con una necesidad que ha estado ahí desde el principio, una necesidad de compañerismo y complemento que Dios entiende. El matrimonio fue concebido para aliviar la soledad fundamental que todo ser humano experimenta. En su caso, según el grado en que su cónyuge no satisfaga sus necesidades —espirituales, intelectuales, emocionales, y físicas—, y según el grado en que usted no satisfaga las mismas necesidades de su cónyuge, en esa misma proporción los dos están aún solos. Pero esto no está en conformidad con el plan de Dios, y puede remediarse. El plan es que se complementen el uno al otro.

3. El matrimonio fue planeado y decretado para traer felicidad y no desdicha.

«Dijo entonces Adán: Esto es ahora hueso de mis huesos y carne de mi carne; ésta será llamada Varona, porque del varón fue tomada» (Gn 2.23).

¡Éste es el primer canto de amor que se escuchó en el mundo! Los expertos en hebreo nos dicen que Adán expresó de este modo una tremenda emoción, una mezcla de asombro y regocijo. «¡Al fin tengo a alguien que me corresponda!» Su expresión «hueso de mis huesos y carne de mi carne» llegó a ser un dicho favorito en el Antiguo Testamento para describir una relación personal íntima. Pero la plenitud de su significado les pertenece a Adán y a su esposa. El Dr. Charles Ryrie hace la interesante sugerencia de que la palabra hebrea para mujer, *iskah*, pudo haber venido de una raíz que significa «ser suave», que tal vez sea una expresión de la deleitosa y original femineidad de la mujer.

Así que, cuando el Señor le trajo la mujer a Adán, el hombre expresó sus sentimientos con palabras como las siguientes: «Al fin he hallado a una que puede complementarme, que me quita la soledad, a quien apreciaré tanto como a mi propia carne. ¡Es bellísima!, perfectamente adecuada para mí. ¡Ella será lo único que necesitaré!»

¿Puede imaginarse la emoción que tuvo que haber ardido dentro del hombre y la mujer cuando comprendieron lo que podrían significar el uno para el otro? ¿Puede usted comprender el propósito por el cual Dios creó a la mujer para el hombre? Pese a todos los chistes gastados que se digan en contrario, el matrimonio fue concebido para nuestro gozo y felicidad. Y el propósito de Dios no ha cambiado nunca.

4. El matrimonio tiene que comenzar con un abandono de las demás relaciones a fin de establecer una, permanente, entre un hombre y una mujer.

«Por tanto, dejará el hombre a su padre y a su madre, y se unirá a su mujer, y serán una sola carne» (Gn 2.24).

Dios dio este mandamiento tripartito en el comienzo cuando estableció la institución del matrimonio. Aún sigue siendo el ejemplo de consejo más conciso y amplio que jamás se haya presentado sobre el matrimonio. Nótese que las palabras de este versículo son sencillas y fáciles de entender, a pesar de la infinita profundidad de su significado. Estas veintitrés palabras resumen toda la enseñanza de la Biblia sobre el matrimonio. Todo lo demás que se dice destaca o amplía los tres principios fundamentales que se originan en este versículo, pero nunca los cambia ni en el más leve sentido. Estos principios merecen que se los considere atentamente, pues cualquier problema real al que se enfrente en la vida matrimonial vendrá por pasar por alto alguno de los aspectos del mandamiento que Dios dio en el Génesis.

Tenemos que entender, ante todo, que el matrimonio comienza con un dejar: dejar todas las otras relaciones. En este caso se especifica la relación más estrecha que existe fuera del matrimonio, ya que implica que es necesario dejar al padre y a la madre. Luego, ciertamente, todos los demás vínculos tienen también que romperse, cambiarse, o dejarse.

Por supuesto, los vínculos de amor con los padres son duraderos, pero tienen que cambiar de carácter para que el hombre se dedique completamente a su esposa y para que la mujer se dedique completamente a su esposo. El Señor le dio al hombre este mandamiento, aunque el principio se aplica tanto al esposo como a su esposa, por cuanto le corresponde al hombre establecer una nueva familia de la cual será responsable. Ya no puede depender de su padre ni de su madre; ya no puede estar bajo la autoridad de ellos, pues ahora asume la dirección de su propia familia.

La Escritura enseña claramente que el adulto tiene que continuar honrando a sus padres, y ahora, que es independiente, necesita cuidar de ellos cuando sea necesario y asumir responsabilidad por ellos, más bien que ante ellos (Mt 15.3-9; 1 Tim 5.4-8). Pero el que se va a casar tiene que dejar a sus padres, pues ni los padres ni ninguna otra relación debe entremeterse entre esposo y esposa.

Esto significa que usted y su cónyuge necesitan reorientar sus vidas el uno hacia el otro, en vez de esperar que otra persona, o grupo de personas, responda a sus necesidades emocionales. Esto significa, también, que las otras cosas han de ir detrás en prioridad:

los negocios, la carrera, la casa, los pasatiempos, los intereses, y aun la obra de la iglesia. Todo tiene que colocarse en su perspectiva correcta. Cualquier cosa que sea importante en la vida debe ser menos importante que su relación matrimonial.

La esposa de un próspero hombre de negocios que dedicaba todas sus energías a su empresa, derramó lágrimas amargas en mi oficina mientras decía: «Él se mantiene dándome recompensas monetarias, y cada vez que lo hace, pienso cuánto mejor sería que me diera su tiempo y su amor. Doctor Wheat, yo no quiero todas esas cosas. Sólo quiero que él me preste atención.»

En más de veinticinco años de aconsejar, he observado que cuando un hombre habitualmente pone su negocio o su carrera antes que su esposa, nada de lo que él pueda comprar con dinero la complacerá realmente.

Hay muchas maneras diferentes de no atender lo que se debe. Esto lleva al fracaso de una verdadera relación. He visto a mujeres tan envueltas en sus trabajos o en lograr una educación más avanzada, que resultan más compañeras de cuarto que esposas. Y también he visto a otras cuya preocupación por un minucioso cuidado de la casa empañó lo que hubiera podido ser un buen matrimonio. He conocido a algunos hombres que no pudieron abandonar sus vínculos con sus compañeros de caza o de juego de golf por el tiempo suficiente para la necesaria relación amorosa con sus respectivas esposas. Algunos, incluso no pueden despegarse de los deportes televisados por un rato lo bastante largo como para hablar con sus esposas. He conocido casos en que el esposo o la esposa ha participado excesivamente en la obra de la iglesia hasta el punto de causar detrimento a su vida matrimonial. Y he conocido algunos casos tristes en que la madre, y algunas veces el padre, dio a los hijos el primer lugar. Cuando esos hijos crecieron, sus padres quedaron emocionalmente en bancarrota.

El primer principio que podemos aprender en Génesis 2.24 es que el matrimonio significa dejar. A menos que usted esté dispuesto a dejar todo lo demás, nunca alcanzará la unicidad de esta emocionante relación que Dios tuvo en mente para disfrute de toda pareja casada.

5. El matrimonio exige una unión inseparable de esposo-esposa para toda la vida

«Por tanto, dejará el hombre a su padre y a su madre, y se unirá a su mujer, y serán una sola carne» (Gn 2.24).

Notemos otra vez que el Señor le dice esto especialmente al esposo, aunque el principio se aplica a ambos cónyuges.

¿Qué significa unirse? La palabra hebrea *dabaq*, que la Versión Reina-Valera, revisión de 1960, tradujo «se unirá», tiene sentido de acción. He aquí algunas definiciones del verbo *dabaq*: «pegarse o adherirse a, permanecer juntos, mantenerse firme, sobrecoger, proseguir con firmeza, perseverar en, tomar, atrapar mediante persecución». Los traductores bíblicos modernos generalmente utilizan para traducir dicho verbo hebreo los verbos: «se adherirá a», «se unirá a», «se une a».

Cuando llegamos al griego del Nuevo Testamento, la palabra significa pegar como si fuera con cemento, pegarse como si fuera con cola, o estar soldados los dos de tal modo que no pueden separarse sin daño mutuo.

Según esto, es obvio que Dios tiene un poderoso mensaje para los dos cónyuges, y al esposo en particular se le pone delante un dinámico curso de acción. El esposo es el responsable principal de hacer todo lo posible y de ser lo que debe ser, a fin de hacer tal vínculo con su esposa que los haga inseparables. Y la esposa tiene que responder a su esposo de la misma manera. Estos lazos no son como las bellas cintas de seda que se atan a los regalos de boda. Más bien tienen que forjarse como el acero en el fuego de la vida diaria y en las presiones de las crisis, a fin de que formen una unión indisoluble.

La mejor manera de comprender la fuerza del significado que hay en el verbo *dabaq*, que se tradujo «se unirá», consiste en considerar cómo usó el Espíritu Santo dicha palabra en el libro de Deuteronomio. Los siguientes cuatro ejemplos se refieren a la necesidad de unión con el Dios viviente. *«A Jehová tu Dios temerás, a Él sólo servirás, a Él seguirás, y por su nombre jurarás» (10.20).*

«. . . que los cumpláis, y si amareis a Jehová vuestro Dios, andando en todos sus caminos, y siguiéndole a Él» (11.22).

«En pos de Jehová vuestro Dios andaréis; a Él temeréis, guardaréis sus mandamientos y escucharéis su voz, a Él serviréis, y a Él seguiréis» (13.4).

«... amando a Jehová tu Dios, atendiendo a su voz, y siguiéndole a Él» (30.20).

Esto indica que ante los ojos de Dios «unirse a» significa una entrega de todo corazón, en primer lugar de todo lo espiritual, pero que se extiende a toda área de nuestro ser, de tal modo que la unión sea también intelectual, emocional, y física. Significa que usted tendrá una continua oportunidad de unirse a su cónyuge aun en los detalles más nimios de la vida. De hecho, cualquier cosa que los acerque más y haga más firme su relación será parte de tal unión. Cualquier cosa que los distancie, mental o físicamente, debe evitarse, por cuanto rompe el patrón divino para la vida matrimonial.

Gran parte del consejo práctico que ofrezco en este libro le indicará cómo unirse a su cónyuge en diversas circunstancias y de diferentes maneras. Sea cual fuere la manera de expresarla, la unión siempre envuelve dos características: (1) una constante lealtad, y (2) un amor activo que prosigue, que no abandona.

Si quiere poner a prueba una acción, una actitud, una palabra, o una decisión ante las normas bíblicas de esta unión, formúlese las siguientes preguntas: Esto ¿nos acercará más o nos separará más? ¿Edificará nuestra relación o la romperá? ¿Producirá una reacción positiva o negativa? ¿Expresa mi amor y lealtad a mi cónyuge, o revela mi individualismo egocéntrico?

Recuerde que el plan de Dios para usted y su cónyuge es una unión inseparable que ustedes mismos construyen mutuamente al obedecer su mandamiento de unirse.

6. El matrimonio significa unidad en el más amplio sentido posible, e incluye la unión física íntima, sin vergüenza.

«Por tanto, dejará el hombre a su padre y a su madre, y se unirá a su mujer, y serán una sola carne. Y estaban ambos desnudos, Adán y su mujer, y no se avergonzaban» (Gn 2.24,25).

Vemos ahora que el modelo que Dios estableció para el matrimonio en la creación producirá algo muy hermoso si se aplica. Dos llegarán realmente a ser uno. ¡Esto es más que unidad! Ningún escritor, maestro, o teólogo ha explicado aún todo lo que significa el hecho de que dos personas lleguen a ser «una carne». ¡Sólo sabemos que ocurre!

Deben notarse varios requisitos elementales. Para que esto ocurra, el matrimonio tiene que ser monógamo (de dos personas solamente). En consecuencia, el adulterio y la promiscuidad quedan absolutamente prohibidos porque, como lo destacó el Señor Jesús en el Nuevo Testamento, los dos llegan a ser uno. La Biblia describe gráficamente los desdichados efectos del matrimonio polígamo a lo largo del tiempo y los resultados mortales del adulterio. En Proverbios 6.32, por ejemplo, leemos: *«Mas el que comete adulterio es falto de entendimiento; corrompe su alma el que tal hace».* ¡Ciertamente nadie puede alegar como excusa la ignorancia! El matrimonio tiene que ser también heterosexual. Dios hizo una mujer para un hombre. El «matrimonio» homosexual, que hoy se proclama en ciertas esferas, es una deformación patética y escuálida del plan del Creador para la unión santa entre un hombre y una mujer.

Llegar a ser una sola carne es algo verdaderamente profundo: envuelve la unión física íntima en el contacto sexual. Y esto sin ninguna vergüenza entre los cónyuges. ¡Dios nunca incluyó la vergüenza en la relación sexual matrimonial! En vez de ello, la palabra que usa la Biblia para hacer referencia a la relación sexual entre el esposo y su esposa es el verbo «conocer», que es un verbo de profunda dignidad. «Conoció Adán a su mujer Eva, la cual concibió...» (Gn 4.1). «Y despertando José del sueño, hizo como el ángel del Señor le había mandado, y recibió a su mujer. Pero no la conoció hasta que dio a luz a su hijo primogénito...» (Mt 1.24,25).

Este verbo «conocer» es el mismo que se usa en Génesis 18.19 para hacer referencia al conocimiento personal que el amante Dios tenía de Abraham: «Porque yo sé que mandará a sus hijos y a su casa después de sí, que guarden el camino de Jehová, haciendo justicia y juicio».

De modo que, en el modelo divino del matrimonio, la relación sexual entre el esposo y su esposa incluye el conocimiento físico íntimo, un conocimiento tierno y personal. Así, el dejar lo anterior y el unirse y conocerse el uno al otro da como resultado una nueva identidad en la cual dos se funden en uno: una mente, un corazón, un cuerpo, y un espíritu. No quedan dos personas, sino dos fracciones de una. Esta es la razón por la que el divorcio tiene un efecto tan devastador.

En el Nuevo Testamento, el Espíritu Santo utiliza el misterio de llegar a ser una carne, que se presenta en el Génesis, con su dimensión de la relación sexual, para describir un misterio aun más profundo: el de la relación entre Cristo y su esposa, la Iglesia. «Por esto dejará el hombre a su padre y a su madre, y se unirá a su mujer, y los dos serán una sola carne. Grande es este misterio; mas yo digo esto respecto de Cristo y de la Iglesia» (Ef 5.31,32).

Este es el modelo de matrimonio tal como Dios lo estableció al principio: una relación amorosa tan profunda, tierna, pura, e íntima, que está modelada de acuerdo con la relación de Cristo y su iglesia. Este es el fundamento del amor que no se apaga y que usted puede experimentar en su propio matrimonio, un fundamento sobre el cual puede edificarse con seguridad.

¿ES SU HOGAR UN PARAÍSO DE FELICIDAD?

Jorge E. Maldonado[2]

Cuando éramos niños, mamá nos contaba que el Príncipe Azul encontró a la Princesa Encantada y que, luego de algunas peripecias, los dos se enamoraron, se casaron y «vivieron felices el resto de sus días.» Esto fue creando en muchos de nosotros una idea muy ingenua del matrimonio, que contrasta con las muchas evidencias a nuestro alrededor de matrimonios que no son exactamente como los de los cuentos.

Es posible que ya de grandes todavía sostengamos que el hogar «debe ser un remanso de paz» o «un refugio» o «un paraíso». Con razón muchas parejas se sienten profundamente defraudadas cuando el hogar que han formado se asemeja más bien a un campo de batalla que al soñado paraíso. El creciente índice de divorcios parece indicar la dificultad de los cónyuges en aceptar que el matrimonio no es el paraíso donde descansar, sino solamente el huerto donde trabajar; no es el refugio a dónde huir, sino el camino que hay que recorrer; no es el jardín de rosas hecho para disfrutar, sino la parcela donde laborar.

Un buen hogar requiere esfuerzo

La idea de que un buen hogar se forma por «generación espontánea» o por «buena suerte» ha hecho que no nos preocupemos de prepararnos adecuadamente para la vida hogareña. Nos preparamos durante años para una profesión, para una carrera, para un trabajo, en fin, para casi todo, menos para el hogar y la formación y

25

el desarrollo de la familia. No encuentro en la Biblia que Dios haya prometido hacer de cada hogar un paraíso, cualquiera que sea la connotación que le demos a esta palabra. Lo que sí encuentro es la intención del Creador de poner al ser humano en una red de relaciones familiares a fin de que se pueda desarrollar todo su potencial: en donde el hombre sea más hombre y la mujer más mujer; en donde los hijos crezcan amados y valorados; en donde todos sean cada vez más humanos para beneficio propio y de los demás. Esa es la voluntad revelada de Dios para el hogar y con ella ha comprometido el poder de su Palabra y de su Espíritu.

El hogar, por lo tanto, sí puede llegar a ser un lugar de sosiego, un espacio de amor, un sitio de satisfacción y desafío, pero no sin la dedicación, el trabajo y el esfuerzo necesarios.

El hogar: un lugar para crecer

Cuando me casé, oí que entraba «en el santo estado del matrimonio». Desde entonces, he tenido que luchar contra un concepto estático del matrimonio y procurar percibirlo en su dimensión dinámica. Para muchos, el formar un hogar significa arribar a la meta y... descansar. Con razón hay tanto descuido físico, intelectual y profesional en muchas parejas que creen que el matrimonio es la graduación de la vida.

El hogar tiene que ser percibido como el espacio en donde cada miembro crece y se desarrolla en todo su potencial y sus capacidades. Es en el hogar, más que en ninguna otra parte, donde los valores abstractos, tales como el amor y la bondad, la disciplina y el valor, la paciencia y la entrega, se ponen a prueba. Es allí donde todo lo mejor del ser humano es desafiado a comprometerse.

Varias etapas

Los que hemos estudiado el matrimonio en su desarrollo hemos encontrado varias etapas bastante bien definidas. La primera, la etapa romántica forjada en base a las muchas ilusiones, sueños y promesas grandiosas, no dura toda la vida, al menos en sus dimensiones iniciales. Tarde o temprano, las finanzas, el trabajo, los hijos, hacen que la pareja aterrice en la realidad de un mundo que demanda esfuerzo para sobrevivir y que parece amenazar el sueño de eterno romance y encanto. Aparecen, entonces, las frustraciones, las recriminaciones, los reclamos y la lucha por el poder. Toda pareja, de una forma u otra, atraviesa por esta etapa, no sin dolor y serios cuestionamientos acerca de su relación. Es aquí donde muchas personas que se resisten a crecer y a tomar responsabilidad por su vida, sus actos y sus sentimientos, deciden romper el vínculo matrimonial. Las parejas que deciden mantener el hogar por los hijos, por razones económicas o por las apariencias, pueden encontrarse en una etapa de desilusión y separación física, emocional o mental, que no les permite establecer el hogar que en el fondo anhelan. Las parejas que, en medio de su frustración y desconcierto, no se conforman con una relación mediocre y deciden crecer, experimentan una profunda transformación. Cada uno comienza a tomar responsabilidad por lo que es y por lo que quiere. Cada cual toma en serio la posibilidad de afectar las cosas a su alrededor y no sólo ser afectado. Ambos descubren que juntos pueden hacer más que cada uno por separado y eso los anima en su propósito de compartir toda la vida. Los dos van caminando en la etapa de la estabilidad, la intimidad y el compromiso como nunca antes. Eso les anima a continuar creciendo en su relación, no solo para bien de ellos mismos, sino para beneficio de toda su familia, su comunidad y las futuras generaciones.

Conclusión

Dios no nos ha ofrecido un paraíso o un jardín de rosas cuando formamos un hogar. Eso sí, nos ha entregado un terreno fértil, herramientas, y buenas semillas para que lo trabajemos con su ayuda

y cultivemos con interés y esfuerzo las flores más hermosas para
bien de muchos y para la gloria de Dios.

capítulo 2
LA SEXUALIDAD EN EL MATRIMONIO

Herbert J. Miles

El tema de la sexualidad es uno de los más importantes en cuanto a la relación matrimonial. Generalmente, hay dos extremos en la práctica. Unos contemplan la sexualidad con una óptica humanista y hedonista como un hecho puramente biológico. A los deseos e impulsos sexuales simplemente hay que darles cauce y expresión. Esto es lo que sostienen algunas escuelas de psicología, solamente tratando de evitar que esa libertad cause demasiado perjuicio al prójimo. Otros pretenden enfocar la sexualidad desde una perspectiva cristiana. Acaso todavía viven de alguna manera cautivos por la influencia griega que veía al cuerpo como algo malo en sí mismo. En este segundo capítulo contamos con un excelente resumen por el psicólogo Dr. Herbert J. Miles. Esperamos arribar a conclusiones claras y también a cambios que acaso deban producirse en esta área tan importante de la vida de la pareja.

En este estudio
1. Destacaremos la sexualidad como creación de Dios.
2. La apreciaremos como relación placentera y reproductora.
3. Comprenderemos que no hay conflicto alguno entre una vida de santidad y el disfrute de nuestra sexualidad en el matrimonio.
4. Sentiremos la importancia del decoro en las relaciones íntimas de la pareja.

5. Abriremos el entendimiento respecto a la importancia del asesoramiento prematrimonial.

Las proposiciones siguientes se fundamentan en los pasajes bíblicos que hemos estudiado y representan un sumario conciso del pensamiento cristiano en cuanto al plan y el propósito de la sexualidad en la vida humana. La discusión que seguirá a cada proposición constituirá un corto análisis de la percepción y comprensión cristiana en boga, de los principios postulados en la proposición.

PROPOSICIÓN 1
El universo y la vida toda es una creación de Dios.

El movimiento cristiano descansa sobre la simple, aunque profunda presunción de que «en el principio creó Dios» todas las cosas (Gn 1.1; Col 1.16; Heb 11.3). Todos los esfuerzos por comprender y explicar el mundo deben comenzar con una idea inicial sobre sus orígenes. La presunción cristiana es que Dios existía desde antes que el universo y las cosas vivas cobraran existencia... En general, el concepto cristiano sobre la creación es que el universo proviene de Dios. La «persona», la «mente», y la intencional «voluntad de Dios» son la única base, causa, y explicación de la creación.

PROPOSICIÓN 2
Dios creó al hombre y a la mujer como personas individuales, compuestas de mente y cuerpo, espíritu y carne.

Dios hizo que cada hombre y cada mujer fuera un alma, un yo, una unidad, un agente, una persona de intelecto (espiritual, mental, emocional, social, moral). Al mismo tiempo, los creó con cuerpos carnales (físicos, reproductivos, sexuales). Al principio el hombre era inocente de pecado y el Creador lo dotó de libre albedrío... El carácter sagrado de la personalidad humana, se hace evidente al crear Dios al hombre a Su propia imagen y al morir por el hombre.

PROPOSICIÓN 3
Los hombres y las mujeres tienen muchas necesidades en las que están envueltas el alma y el cuerpo.

El propósito de la vida es vivir de acuerdo con el plan y la voluntad de Dios. Dios no sólo creó las necesidades del hombre y de la mujer, sino también los procesos mediante los cuales esas necesidades deben ser satisfechas. Dichas necesidades y procesos son mayormente buenos cuando se los deja funcionar de conformidad con el plan del Creador, dentro de la estructura normal de la interacción social. Cuando el hombre y la mujer viven de esta manera, glorifican a Dios, su creador.

PROPOSICIÓN 4
El matrimonio es una institución social debidamente concebida.

No sólo creó Dios al hombre y a la mujer, sino que las Escrituras indican que en su plan estaba que se asociaran en el tipo de relación social que llamamos «matrimonio». La naturaleza de esta relación social está prevista en Génesis 2.24: [Por cuanto varón y hembra los creó], «dejará el hombre a su padre y a su madre y se unirá a su mujer» (véanse Mt 19.5; Mt 10.7). Esta unidad social que Dios creó, la familia, es la cuna de la personalidad humana, es la fuente de la que fluye la seguridad humana, la sementera de los valores humanos básicos, el baluarte de la civilización, los cimientos sociales del Reino de Dios.

> *El matrimonio fue instituido por el mismo Dioscon el fin de prevenir la relación sexual promiscua y para promover la felicidad doméstica, así como el sostenimiento y la seguridad de los hijos.*
> —*Noah Webster*

PROPOSICIÓN 5
El matrimonio cristiano es una relación permanente.

La clásica declaración de Jesús sobre la duración del matrimonio es: «Lo que Dios juntó, no lo separe el hombre» (Mr 10.9). En el concepto cristiano del matrimonio existe una relación «unicarnal» permanente entre un hombre y una mujer. Esa relación permanente, llamada monogamia, es lo que mejor satisface las necesidades del esposo, la esposa y los hijos... La monogamia es la forma más simple de agrupamiento familiar. Proporciona eficiencia en cuanto a organización y regulación social, y brinda la intimidad necesaria para la práctica del amor, la afinidad y la comprensión entre marido y mujer, y padres e hijos.

PROPOSICIÓN 6
El matrimonio es una relación reproductora.

Las Escrituras, dirigiéndose a marido y mujer, dicen: «Fructificad y multiplicaos; llenad la tierra...» (Gn 1.28). Scudder señala que «el plan creador de Dios no se completa hasta que nace una nueva vida como resultado de una unión unicarnal... Ninguna pareja normal debe ir a las relaciones matrimoniales con la intención de no tener hijos. Hacerlo así es privarse de una verdadera y completa satisfacción.»

PROPOSICIÓN 7
El matrimonio es una relación sexual.

Tras citar el viejo relato del Génesis (2.24), Jesús dijo: «Y los dos serán una sola carne» (Mt 19.5). Este pasaje se refiere a la cópula sexual entre esposo y esposa. El relato que de la creación nos ofrece el Génesis y la interpretación que Jesús hace del mismo, dejan bien aclarado que la «sexualidad» nació en la mente de Dios. La sexualidad fue idea de Dios. El coito, como acto y experiencia, es parte del plan de Dios para el varón y la hembra. Las enseñanzas judeo-cristianas indican que la «masculinidad» y la «femineidad» humanas reflejan la imagen de Dios.

PROPOSICIÓN 8
La naturaleza sexual del hombre y la mujer es espiritual, emocional, mental y física.

La sexualidad, como experiencia que Dios creó, no puede separarse de las actitudes y los sentimientos espirituales, emocionales y mentales. Una actitud de amor, ternura y felicidad entre esposo y esposa estimula la expresión sexual. Una actitud de temor, frustración, vergüenza, culpa o infelicidad la obstaculiza. El temor es el peor enemigo de la vida sexual normal. J.A. Fritze dice: «La sexualidad es una actitud mental. Son pocas o ninguna las causas orgánicas que impulsan a la cohabitación sexual entre el varón y la hembra. El cuerpo compensa orgánicamente la satisfacción de sus propias necesidades.»... El amor es una íntima actitud personal, un interés emotivo y una relación entre dos personas de sexos opuestos que se caracteriza por la devoción [recíproca, el autosacrificio y los esfuerzos por desarrollar y enriquecer la personalidad total de la otra persona... La importancia de estas actitudes y sentimientos espirituales, emocionales y mentales en la expresión sexual, es un hecho sin discusión. Este aspecto de la sexualidad representa por lo menos el 51% de la experiencia total. Al mismo tiempo, la experiencia sexual es también física. La expresión sexual en la cópula implica una bien definida actividad física. Esta actividad incluye algunos estímulos físicos directos, la unión de los órganos genitales, tensión seguida de explosión muscular a través de la región pélvica, que se transmite al resto del cuerpo.

PROPOSICIÓN 9
La sexualidad es sólo un aspecto de la personalidad total.

El cuerpo físico es una unidad, pero está formado de muchas partes. Dios, en su plan creador de la naturaleza, ha asignado funciones importantes a cada parte del cuerpo. Estas funcionan como un todo en armónica conexión unas con otras. De la misma manera, la personalidad humana está formada por muchas partes o componentes. El aspecto sexual de la naturaleza humana es sólo un componente de la personalidad total. El crecimiento normal de la personalidad implica la cooperación de todos los componentes, cada uno funcionando de conformidad con sus fines. La expresión sexual del hombre y la mujer involucra la totalidad de la persona.

PROPOSICIÓN 10
El Creador concibió la sexualidad para que fuera una relación placentera entre marido y mujer.

Por tanto, dejará el hombre a su padre y a su madre, y se unirá a su mujer, y serán una sola carne.
—*Génesis 2.24*

En Proverbios 5.18 se enseña que el joven debe estar continuamente embriagado con el deleite y el éxtasis del amor sexual de su esposa. Silvano M. Duball dice: «El coito es, sin duda, el placer físico más intenso que el hombre conoce.

Este placer está asociado estrechamente a la liberación de la tensión física». En el pasado muchos grupos dentro de la corriente histórica de la cristiandad han evadido el concepto de que Dios aprueba la sexualidad para «placer» del marido y la mujer. La mayoría de nosotros estima que esta actitud no descansa sobre conceptos bíblicos, sino, más bien, sobre la inconsciente presunción de varios grados de dualismo ascética. La unidad mente/cuerpo de la persona total, como ya fue indicado, deja el camino abierto a que se sancionen las relaciones sexuales entre marido y mujer como un «placer» personal. Dios ha querido usar la función de lo físico como un vehículo para promover sus propósitos creadores. Carece de sentido el dejar a un lado la realidad de que el plan creador de Dios incluía el placer personal en las relaciones sexuales entre esposo y esposa.

PROPOSICIÓN 11
La sexualidad en el matrimonio fue concebida como un medio de alcanzar otros fines.

El que hablemos de la sexualidad como un placer individual no significa que este proceso haya de ser exaltado ni elevado a culto. El dominio propio en cuanto al sexo es la única forma en que al fin y al cabo se puede alcanzar la plenitud de la vida. Sólo a través del dominio propio puede el hombre usar la sexualidad para glorificar a Dios. El valor del placer sexual está en su función. Su función es cumplir propósitos o fines específicos, tales como el desarrollo más eficiente de la personalidad, el mejoramiento de la naturaleza social de la familia y el crecimiento de las relaciones espirituales entre las personas y Dios.

PROPÓSITO 12
El coito funde al marido y a la mujer en una unidad carnal completa.

El Génesis puntualiza que el marido y la mujer «han de ser una sola carne» (2.24). Jesús, reiterando este concepto del Antiguo Testamento, dijo: «Los dos han de ser una sola carne; así que no son ya más dos, sino uno» (Mr 10.8). La naturaleza de esta unidad, «una sola carne», es física y espiritual a la vez.

PROPOSICIÓN 13
Esencialmente, el propósito básico del placer sexual en el matrimonio es unir al marido y a la mujer en una relación vitalicia.

Si el placer en la sexualidad fuera un fin en sí mismo, como preconizan los materialistas, las relaciones extramaritales serían completamente lógicas. Este punto de vista debe ser rechazado. Según el plan creador, el placer sexual tiene como propósito unir al esposo y a la esposa en una relación vitalicia. Las relaciones extramaritales constituyen una violación de las intenciones del Señor.

PROPOSICIÓN 14
El plan unificador exige que el placer sexual sea una experiencia mutua entre marido y mujer.

Esto significa que tanto el hombre como la mujer deben llegar a un clímax u orgasmo sexual definido en sus experiencias sexuales regulares. Fritze señala que «normalmente tanto el varón como la mujer se sienten mental y emocionalmente impulsados hacia la cohabitación sexual. La noción popular de que las mujeres son más frías que los hombres... es falsa».

PROPOSICIÓN 15
La relación amorosa feliz entre marido y mujer proporciona el ambiente hogareño adecuado para el crecimiento y la maduración de los hijos.

Un punto central en el plan maestro de la creación es la propagación de la raza humana (Proposición 6). De acuerdo con el plan creador, existe un largo período entre el nacimiento y la madurez. Las necesidades básicas del crecimiento de los hijos no son sexuales. Son emocionales. Existen muy frecuentes tensiones durante el largo proceso del crecimiento. El rumbo que tome el desarrollo de la personalidad del hijo lo determina la calidad de las relaciones padre-hijo. El único ambiente adecuado para que crezcan los hijos es el hogar donde un marido y una mujer están profundamente dedicados el uno al otro y se aman intensamente.

PROPOSICIÓN 16
La sagrada y personal naturaleza de la sexualidad exige el decoro en las relaciones sociales e intimidad en las relaciones sexuales.

El coito no es un intrascendente o casual episodio. Al contrario, es una profunda y substancial actividad de íntima naturaleza entre los hombres y las mujeres. Las relaciones sexuales son tan importantes y significativas en las relaciones humanas que demandan fidelidad, honor, respeto, dominio propio, y responsabilidad. El decoro es necesario porque la sexualidad es sagrada y personal. El decoro forma parte del orden de la creación divina.

Una persona que desprecia, o desvaloriza, o desdeña al sexo opuesto no tardará en tener que humanizarse. Lo que Dios ha juntado no lo separe el hombre.
—C. Simmons

PROPOSICIÓN 17
No existe conflicto entre el proceso de vivir una vida cristiana devota y el proceso de lograr y disfrutar un buen ajuste sexual en el matrimonio.

La vida cristiana devota y el buen ajuste sexual en el matrimonio se complementan entre sí. Si una pareja casada está consagrada a los ideales cristianos, esto debe llevarles a una vida sexual eficaz y feliz. Por otro lado, el buen ajuste sexual en el matrimonio deberá estimular una estrecha y cálida relación espiritual y personal entre la pareja y Dios.

PROPOSICIÓN 18
La sexualidad es destructiva cuando actúa fuera del plan del Creador para el matrimonio.

«Si el árbol es saludable, la lluvia y el sol lo hacen crecer. Si el árbol no es saludable, esos mismos elementos causarán su pudrición». De igual manera, las relaciones sexuales practicadas dentro de los planes del Creador enriquecen y completan la vida matrimonial. Cuando la sexualidad es aislada y se le permite operar fuera de los planes del Creador, es insocial e inmoral.

PROPOSICIÓN 19
La rectitud de la conducta sexual debe estar regida por lo prescrito en el plan de Dios y no por la costumbre en boga.

Las costumbres están moviéndose y cambiando constantemente. La persona de Dios, la naturaleza de Dios, el plan creador de Dios, no cambian. El curso de la vida cambia muy poco, si es que cambia. La naturaleza y las necesidades del hombre y de la mujer permanecen constantes. Los procesos de reproducción y las necesidades de nuestros niños en crecimiento siguen patrones uniformes prefijados. La familia cristiana debe mantenerse anclada en el plan creador de Dios.

PROPOSICIÓN 20
La centralidad de la sexualidad en la vida humana demanda un profundo adiestramiento y asesoramiento prematrimonial.

A los chicos de ambos sexos que llegan a la edad adulta no les basta el instinto para saber cómo tener relaciones sexuales correctas. Lograr relaciones sexuales positivas en el matrimonio es un proceso más bien complejo que se tiene que aprender. Normalmente, cuando una persona da comienzo a una nueva actividad o entra en una relación nueva en la sociedad, recibe información e instrucciones sobre cómo desenvolverse mejor en el nuevo campo. Nosotros no esperamos que los hijos se conviertan en buenos pianistas o violinistas sin que se les enseñe bien. En el pasado, en vez de proporcionar a las parejas jóvenes cuidadosa instrucción sobre el proceso de ajustarse sexualmente en el matrimonio, se les permitía casarse con un conocimiento limitado sobre asuntos sexuales mezclados con mitos e información deficiente. Los resultados de este descuido, frecuentemente, han sido trágicos y dolorosos. Debido a que el plan del Creador dio a la sexualidad tan enorme importancia en el matrimonio, la comunidad cristiana debe cambiar de política y desarrollar un programa de completo adiestramiento y asesoramiento prematrimonial en cuanto a la sexualidad.

capítulo 3
LA FAMILIA CONTEMPORÁNEA

Howard Hendricks

La vida de la familia más que una ciencia es un arte. Por supuesto, debemos conocer qué significa esa realidad social que llamamos familia, debemos tener conceptos claros del papel de cada miembro de la familia. Pero con todo, esos conocimientos no nos garantizan éxito seguro en cuanto a la vida misma de la familia. Porque, además de conocimiento (ciencia), la vida familiar es un arte que, como tal, requiere creatividad, amor y libertad. Justamente es este el tema que hoy vamos a comenzar a estudiar. Le sugiero que ore al Señor para que por intermedio de este estudio pueda captar lo que en realidad significa vivir en familia.

En este estudio
1. Comprenderemos que, en la familia, las responsabilidades determinan las relaciones.
2. Definiremos el verdadero papel del esposo como cabeza del hogar. Analizaremos las relaciones entre padres e hijos.
3. Exploraremos las maneras de ayudar al niño a hacer las cosas cotidianas sin frustraciones.
4. Advertiremos los problemas que puede engendrar la relación con los parientes.

Buenas relaciones parece que todos las desean, pero ¿dónde puede uno comprarlas? ¿Qué librería evangélica las tiene en existencia? ¿Se requiere un entrenamiento especial para obtenerlas?

¿Se debe presentar solicitud para sacar una licencia? ¿Se heredan? Muchos de nosotros no sabemos a ciencia cierta qué es una buena relación. Un estudio realizado por una revista popular, acerca del hogar reveló que el 71% de los que contestaron opinaron que la vida familiar en los Estados Unidos está en peligro. Otro estudio realizado por un psiquiatra cristiano halló que el 75% de los casados consideraron sus matrimonios fracasados, y sus hogares, infelices.

Nuestra hija Bev estaba en su clase de psicología. La escuela estaba a mil millas de nuestra casa, y ella llevaba ya dos meses lejos de nosotros. En eso el profesor les decía que era normal que los hijos rechazaran a sus padres. «Es más—seguía diciendo—, la mayoría de ustedes seguramente me dirían que aborrecen sus hogares. En cierta forma, ustedes deberían rechazarlo todo...». En la primera oportunidad que Bev tuvo de llamarnos por teléfono, nos dijo casi sin aliento: «Mami, papi, estoy muy bien, y me urge decirles que de verdad los amo, y no los rechazo. Tal vez ustedes piensen que estoy loca por decirles esto: pero el maestro de psicología nos dijo que es normal aborrecer nuestro hogar, pero yo no lo aborrezco...»

Tan común ha llegado a ser que padres e hijos se rechacen unos a otros, que este profesor lo consideró como un comportamiento normal. Estaba afirmando que es correcto que el tren doméstico se descarrile. Creo que Dios tiene un plan infinitamente mejor y más sencillo para la familia, mutuamente satisfactorio y vigorizador de las relaciones. Dios expuso Su modelo del hogar en el huerto del Edén. Dijo que no era bueno que Adán estuviese solo. Recuerde, Adán se relacionaba amistosamente con todos los animales. Vivía en el ambiente más cómodo jamás conocido. ¡No había problemas ecológicos! Hasta gozaba de la presencia de Dios mismo. Pero Dios dijo que faltaba algo. Y Dios creó a Eva para formar la primera familia. Y Dios dijo que esa familia era buena. Dios mandó a Adán y Eva tener hijos. Este fue el propósito divino: vivir en familia con hijos. Solamente la desobediencia a Dios rompió una relación así. El pecado expulsó a los primeros padres del huerto. El pecado motivó a Caín a matar a su hermano Abel. El pecado destrozó la vida familiar entonces, y sigue haciéndolo hoy día. Cualquier sociólogo nos confirmaría el hecho de que los hijos de hogares «malos» suelen formar matrimonios «malos», los que a su vez producirán más hogares «malos». ¿Cómo se puede romper este círculo vicioso? ¿Cómo se cambia lo malo en bueno? «Tiene algo que ver con el amor», es lo que la gente siempre contesta. Es un hito consistente que corre a través de las civilizaciones: el poder del amor. La literatura antigua lo señala. En Proverbios dice: «El odio despierta rencillas; pero el amor cubrirá todas las faltas» (10.12). Cantar de los Cantares proclama: «...su bandera sobre mí fue amor» (2.4).

¿En dónde se originó el concepto del amor? El profeta Jeremías con lágrimas dijo a los israelitas que Dios los amaba con «amor eterno» (31.3). Pero la explicación completa aparece en el Nuevo Testamento. El apóstol Juan dijo que Dios es amor, y que le amamos porque Él nos amó primero. «Amados, amémonos unos a otros; porque el amor es de Dios...»(1 Jn 4.7).

Se contempla con reverencia un viejo castillo o edificio que no esté en ruinas; o un árbol maderable sano y perfecto.Cuánto más no significa la contemplación de una antigua y noble familia que ha permanecido a través de las olas y los embates del tiempo.
—Sir Francis Bacon

¿Ama usted a Dios? Usted contesta: «Por supuesto, todo cristiano ama a Dios». Muy bien. Si amamos a Dios tenemos que obedecerle. Y ahí es donde comienza el hogar: con un hombre y su esposa, cada uno relacionado con el amor a Dios por medio de su Hijo, que es la máxima expresión del amor de Dios hacia el hombre. Cada uno relacionado con el otro con amor humano y confianza mutua.

La fuerza de este triángulo es invencible. Cuanto más se acerque un cónyuge a Dios, más se acercará a su pareja. La proximidad hace que se vea claramente a la otra persona; el conocer quién

es Dios nos ayudará a saber quiénes somos nosotros. Tal vez esto nos explique por qué muchas veces Dios nos tiene que dejar pasar por crisis en las cuales solamente podemos verlo a Él, y entonces obtenemos la perspectiva correcta de nosotros mismos. Es indispensable discernir cuáles son nuestras responsabilidades para tener una vida con propósito, un matrimonio armonioso, y una familia feliz. ¿Ejemplos? ¿Cuáles? A veces están casi perdidos en la sociedad contaminada y confundida, porque vivimos en un ambiente en el que los moldes maritales están lastimosamente empañados. Es más, muchos están convencidos de que no hay diferencias básicas entre el hombre y la mujer, excepto lo biológico. Y con el avance de la ciencia, muchos dicen que, algún día, ¡incluso esta diferencia será posible borrarla!

Ahora quiero poner delante de ustedes un principio básico: **Las responsabilidades siempre determinan las relaciones, y éstas crean modelos.**

La Epístola a los Efesios nos dice cómo vivir una vida celestial en un mundo infernal. Los primeros tres capítulos son el fundamento teológico, y los tres últimos son la estructura práctica. Dentro de esta segunda parte tan práctica de la Epístola a los Efesios se encuenta un pasaje que habla de los modelos, las relaciones y las responsabilidades del esposo y de la esposa (5.22-29). Hay dos hilos principales: la posición del esposo y su ternura.

EL ESPOSO COMO CABEZA

El esposo se describe como la cabeza del hogar. Esto da autoridad a la relación. El contexto es importantísimo. El versículo 18 de Efesios capítulo 5 dice: «No os embriaguéis con vino, en lo cual hay disolución; antes bien sed llenos del Espíritu». ¿Qué produce la llenura del Espíritu Santo? ¿Cómo sé que estoy bajo el control del Espíritu? No es tan difícil determinarlo como algunos han hecho creer. Hay señales claras, bien notables, y la primera prueba de que el Espíritu nos está controlando se ve cuando desempeñamos bien dentro de la familia el papel que divinamente nos ha sido asignado. El versículo 21 tiene la admonición clave: «Someteos unos a otros en el temor de Dios.»

La sumisión no es responsabilidad exclusiva de la mujer. La sumisión es la manera de vivir del creyente. La pregunta para la mujer es: ¿Está dispuesta a someterse primeramente, no a su marido, sino al plan que el Señor tiene para ella en la relación conyugal? No hay confusión. Si no puede someterse a la autoridad de su marido, entonces el problema no es solamente con su marido. El problema es también con su Señor. No se ha enfrentado al concepto básico del señorío de Cristo. Nuestra primera tarea es limpiar el sitio antes de edificar. Quitemos de nuestras mentes las ideas apolilladas acerca de la jerarquía.

1. El esposo no es un dictador.

Muchos sargentos acomplejados andan con un garrote bíblico en la mano gritando: «Yo soy el jefe de mi casa». Y nosotros sabemos que no lo son, porque si lo fueran no tendrían que pregonarlo. Muchas veces, cuando hablo de este tema, siento que alguna mujer está sentada entre los oyentes diciendo: «¡Es verdad, mi esposo es la cabeza, pero yo soy la nuca que la mueve!» El punto en discusión no es quién manda en el gallinero, sino ¡quién manda al gallo! *«Porque el marido es cabeza de la mujer, así como Cristo es cabeza de la Iglesia. ..»* (Ef 5.23). Cristo no está apretando la garganta de Su Esposa (la Iglesia). Tampoco lo hace el marido que ha sido instruido en la Biblia. Y si lo está haciendo es porque no entiende bien la Palabra de Dios, y porque tiene también muchos problemas emocionales y usa su supuesto liderazgo como una máscara.

2. El esposo no es un ser superior.

La Palabra de Dios enseña que en Cristo no hay varón ni hembra. Gálatas 3.28 dice que no hay esclavo ni libre; no hay varón ni hembra: todos son uno. Pero la igualdad espiritual no significa igualdad de funciones. Somos iguales espiritualmente, pero diferentes funcionalmente. Y esta diferencia fue determinada por Dios, que instituyó el matrimonio y señaló nuestras relaciones. Desnaturalizar estas relaciones es crear confusión.

Esta enseñanza aparece de veras en la vida de Abraham y Sara. Espiritualmente eran iguales. La historia en Hebreos 11.11 nos enseña claramente que Sara misma recibió fortaleza... porque creyó que era fiel quien lo había prometido. Aun la incrédula Sara llegó a creer, y Dios igualó su fe a la de Abraham. En cuanto a su función, Abraham era el que llevaba la carga de la familia. Dios entrevistó a Abraham, no a Sara, para informarle del itinerario divino para la vida de ambos. Abraham funcionó como la cabeza del hogar.

«Pero quiero que sepáis que Cristo es la cabeza de todo varón, y el varón es la cabeza de la mujer, y Dios la cabeza de Cristo» (1 Co 11.3). Jesucristo tuvo una función aquí en la Tierra, dada por Dios y concebida en el consejo eterno. Él nacería de una mujer, viviría, sufriría, y moriría la ignominiosa muerte en la cruz.

Con una obediencia total y amorosa a la voluntad de Su Padre, Jesucristo se sometió a aquel plan.

¿Quiere eso decir que Jesucristo es inferior a Dios el Padre? Amigo mío, eso sería una blasfemia, ¡una herejía! Como también es una herejía decir que al someterse la mujer a su marido la convierte en un ser inferior.

Piénsenlo bien, esposas. Su vida entera depende de esto. Si acaso quieren la bendición de Dios en su hogar. no hay alternativa. Usted funciona según Su diseño. Yo no lo inventé. Pablo no lo inventó; y no lo culpe de tener un prejuicio antifemenino. Este es el plan de Dios, y si usted quiere la bendición de Dios, tendrá que conducirse de acuerdo con las especificaciones de Él. Usted nunca llegará a realizarse fuera de su plan.

> *Es muy cierto que los matrimonios se hacen en el cielo y se ponen en práctica en la tierra.*
> —*William Painter*

3. El esposo no toma las decisiones por sí solo.

En las sesiones de preguntas y respuestas surge siempre la siguiente pregunta: «¿Quiere usted decir que si mi esposo es la cabeza de la familia, él va a tomar todas las decisiones?» ¡No! Ningún marido, estando en su sano juicio, va a tratar de tomar todas las decisiones sin delegar. Permítame recordarle que —piénselo bien—, Jesucristo mismo ha delegado a la Iglesia el realizar la Gran Comisión en la Tierra. ¡Vea la confianza que el Salvador nos tiene! De la misma manera el esposo debe confiar en su esposa.

Considero que es una tontería que yo tome decisiones en las áreas en que soy totalmente inexperto, y en las cuales mi esposa es muy capaz. De buena gana la animo a tomar decisiones en áreas en donde no estoy capacitado. Sin embargo, soy el responsable ante Dios por las decisiones hechas, ya sea que las tome yo o mi mujer.

4. El esposo no siempre está en lo cierto.

Ya sea que el esposo esté o no en lo cierto, siempre es responsable. Él marca el paso, toma las decisiones y la iniciativa. No condesciende pasivamente, sino que participa activamente dirigiendo el rumbo y asumiendo las consecuencias. Dios nunca pondrá sobre la esposa la responsabilidad de una mala decisión que el esposo tome, pero sí será responsable de someterse al esposo o de no hacerlo. No estamos hablando de una relación perfecta. Estamos hablando de personas, y dondequiera que haya seres humanos habrá problemas. Los hombres no son omniscientes, como tampoco lo son sus esposas. Lo que debemos hacer es edificar el matrimonio sobre la base de las fortalezas y no de las debilidades. Todos nos equivocamos; esto nos hace ver que somos seres humanos. Pero cada vez que la esposa contemple a su esposo, debe sentir respeto. Él es el que tiene que rendir cuentas a Dios de su liderazgo en el hogar. Cuando una esposa llegue al cielo, el Señor no le dirá: «Realmente hiciste un pésimo trabajo guiando a tu familia». Lo único que Él le preguntará es si funcionó de acuerdo con el papel que le asignó a ella.

Muchos hombres son prominentes líderes en muchos círculos sociales, pero un fracaso en sus hogares. Un día una joven esposa me dijo: «Mi padre era un líder en todas partes, excepto en la familia.»

Esposas, permítanme hacerles una pregunta: «¿Están ustedes facilitando o dificultando la tarea de su esposo?» Con frecuencia, las mujeres dicen: «Mi esposo no funciona como líder». ¿De veras? ¿Es él el que no quiere tomar el liderazgo, o es usted la que no lo deja?

EL ESPOSO: LÍDER Y AMANTE

En Efesios 5.25-29, la siguiente frase aparece dos veces: «Maridos, amad a vuestras mujeres, así como Cristo amó a la Iglesia». El esposo debe ser la cabeza del hogar, y también el corazón del hogar. Al ser la cabeza, provee autoridad, al ser el corazón, provee amor. Lo uno sin lo otro acarrea desequilibrio. Él tiene que ser líder y amante.

Si el esposo es líder sin ser amante, será un sujeto autocrático; si es amante sin ser líder, un sentimental. Si ejerce el liderazgo con amor, ninguna mujer en su sano juicio se negará a ponerse bajo la autoridad de un hombre que ama como Cristo ama a la Iglesia. Lo hará con gusto y voluntariamente.

En una ocasión un estudiante se me acercó y me dijo: «Tengo un problema. Amo demasiado a mi esposa». Me sorprendió y le dije: «Repítalo de nuevo. Raras veces oigo esto».

Lo llevé al pasaje de Efesios: «...amad a vuestras mujeres, así como Cristo amó a la Iglesia». «¿La ama así?», le pregunté. «Oh no, por supuesto que no!» respondió. ¿Ya ve? Amar a la esposa es un asunto de tiempo completo. Requiere de toda la creatividad posible para poder entregarse a esa mujer que Dios ha traído a su vida. «Amar como Cristo amó a la Iglesia, y se entregó a sí mismo por ella» (Ef 5.25).

Cristo murió por la Iglesia. Aunque permite que pase por sufrimientos para que se pueda fortalecer. La afirmación actual de que no debemos causar dolor a quien amamos está muy lejos de la verdad. El amor siempre hace lo que es mejor para el ser amado. Uno debe dar gracias a Dios si está casado con una persona que esté dispuesta a decirle: «Mi amor, hay un problema...» Alguien que nos ama lo suficiente como para interesarse en nuestras cosas. «Los maridos deben amar a sus mujeres como a sus mismos cuerpos» (Ef 5.28). Eso es el cónyuge: una extensión del ser amado. ¡Qué tarea! Esposas, ¿les parece difícil la sumisión? Piensen en la tarea del esposo. Dios pone en ellos la responsabilidad de ser líderes y amantes. ¿Están ustedes cooperando para que a ellos les sea más fácil ser líderes y amantes? ¿O se lo están dificultando?

RELACIÓN ENTRE PADRES E HIJOS

Aquella personita entró en nuestra casa sutilmente. Al principio no había nadie más, solamente nosotros dos. Después hubo indicaciones de algo. El doctor lo llamó embarazo. Nosotros lo llamamos nuestro bebé. ¡Imagínense! Nuestro bebé. ¡Increíble! Nuestra niñita. Nació calientita y muy activa. Hambrienta, de alimento y atención. Lo compartimos todo gustosamente. Ella era parte de nosotros. Nos interesaba todo lo que hacía. Nunca preguntó: «¿Quién soy?» Ella sabía que era nuestra, objeto de nuestro amor, la prueba viva de nuestra relación de «una sola carne». Y le enseñamos que Dios la ama más que nosotros, mucho más.

Amada. Deseada. Cuidada. La mayoría de los hijos de familias normales empiezan su vida de esa manera. ¿Qué hace que con frecuencia se desgasten y hasta se rompan los hilos de la fraternidad familiar durante los difíciles años de la adolescencia? ¿Por qué muchas veces a un padre hasta le molesta la desinhibida presencia de sus hijos, a los que, diez años antes, se les dio una calurosa bienvenida a este mundo?

La Biblia presupone que los hijos serán normalmente amados y cuidados. En las Escrituras no hay grandes exhortaciones respecto al amor hacia los hijos, pero las implicaciones abundan; son como plantas verdes que añaden vida al escenario bíblico (véanse 2 Tim 1.5, 2 Tim 3.15; Ti 2.4).

Cuando los padres aman a Dios, se aman el uno al otro y, a la vez, aman a sus hijos. En forma natural los niños devuelven este amor a sus padres, y se aman entre ellos mismos.

Este amor es una buena relación. Este amor es el plan de Dios. Alguien dijo: «Cuando un científico viola las leyes de la naturaleza, crea caos, y cuando un padre altera el plan de Dios para la vida humana da lugar a cierta clase de deformación social.»

Su relación en el hogar como padre no consiste solamente en hacer, sino también en ser. Como la araña diligente que teje su delicada tela, hilo a hilo, así el padre tiene que darse a sí mismo con dedicación completa para conseguir una completa armonía. Durante este proceso el padre también recibe algo del niño, y así se forma una confianza mutua.

Un sabio ha dicho que los padres pueden crear un ambiente favorable para sus hijos; pero solamente las experiencias pueden consolidar el aprendizaje. ¿Qué clase de experiencias están teniendo ustedes? ¿Son de las que edifican o de las que destruyen la relación entre padres e hijos? Permítanme darles unas normas con las cuales se puede medir esto.

1. Respetar sinceramente el valor del niño como individuo.

¿Conversa él con usted? Él hablará si usted sabe escucharle. En la instrucción, el escuchar es un método mucho mejor que el de sermonear a los hijos. Si su hijo no habla con usted, alguien, previamente, rompió la conexión.

Seguramente, usted ha leído acerca de los niños «autistas». Son niños que han decidido romper toda comunicación con el mundo que les rodea; se niegan a hablar o a reaccionar de cualquier manera. Su caso es extremo, pero muchos niños van en esa dirección, aun en menor grado, cerrando las puertas y ventanas de la comunicación. Puede que muchas veces se les haya dicho: «¡Quédate quieto!», «¡Cállate!», «¡Vete!»...

2. Suplir las necesidades del niño.

No todo lo que él quiera o todos los deseos frustrados que usted tenga, sino, específicamente, las necesidades del niño: estar en privado, un lugar para jugar y estudiar, ropa limpia, poseer sus propias cosas, tiempo para estar solo, un programa sensato de alimentación y ejercicio, oportunidad para tomar decisiones propias.

3. Exponer a los niños a situaciones de la vida real.

Aproveche las ocasiones específicas, como nacimientos, casamientos, fallecimientos, desastres, etc., para darles una enseñanza. Esto les ayudará tanto a satisfacer su curiosidad como a evitar temores irracionales.

Cuando mi esposa era niña, visitó el lugar donde cayó un avión. Tenía muchas preguntas, y su imaginación infantil voló velozmente mientras veía los pe-

> *El hogar cristiano es el taller del Maestro; en él se lleva a cabo, silenciosamente y con fe y amor, la operación de moldear el carácter.*
> —Richard Monckton Milnes

dazos regados sobre la tierra. Un tío le explicó en términos sencillos algunas razones por las que tales tragedias ocurren. Le explicó la importancia de un entrenamiento especial, y de obedecer las leyes de la naturaleza y las reglas de la aviación. Una conversación sencilla fue de gran ayuda para una niña que, de otro modo, hubiera sufrido un trauma a causa de la sangrienta escena que contempló.

Haga que el niño tenga conciencia de la realidad de los peligros. Ofrezca recursos al niño usando la oración, los conocimientos bíblicos, la confianza en la Biblia como una norma, y la relación con adultos de confianza.

4. Ayudar al niño a establecer metas, hablándole de algunos objetivos.

Por ejemplo, muchos hijos de hogares cristianos entregan su vida a Jesucristo. Los padres, frecuentemente, hablan de ello con satisfacción, pero no hacen nada para afianzar la decisión del niño. El niño necesita que se le explique lo que implica su decisión. Debe poder observar a los que han tomado una decisión similar. Necesita descubrir cuáles son los pasos intermedios que se dan para alcanzar la meta. Para ello deberá comprender que habrá fracasos; pero anímelo, SIEMPRE anímelo.

5. Enseñar al niño «cómo hacer» las cosas cotidianas para que pueda actuar sin frustraciones.

La confianza en sí mismo crece sobre la base de «hágalo usted mismo». Nos reímos de la señorita que no puede manejar bien su auto, del joven que no puede preparar su propio desayuno, del hombre que no puede combinar sus calcetines con sus corbatas sin la ayuda de su esposa. Pero pocas veces nos ponemos a pensar en la frustración que sufren estas personas. Nunca nadie invirtió tiempo para enseñarles.

El niño debe ser enseñado a hacer por sí mismo el mayor número de cosas posible. Esto desarrolla su confianza y contribuye a su seguridad. El pequeño a quien se le ha enseñado a usar correctamente el teléfono —no como un juguete— ha recibido un adiestramiento que le servirá para toda la vida. Pero la ejecución debe estar al nivel apropiado. No espere de él más de lo que le es posible producir. ¿Es usted un padre que se impacienta porque su hijo no mete un gol? ¿Es usted una madre que deja de hablarle a su hija porque no se peinó como usted quería? Este tipo de padres producen tales frustraciones que inducen a sus hijos a darse por vencidos.

6. Los límites dan seguridad al desarrollo emocional.

Ponga límites razonables a la conducta de su hijo. Así, como la baranda del patio protege en el aspecto material, los límites en la conducta defienden al joven del temor a no saber cuándo detenerse. Junto a estos límites debemos advertirles de ciertos peligros como el tráfico, el fuego, las drogas (medicinas), las bolsas de plástico, es decir, todos los riesgos que rodean a los niños. Esta preocupación le hace sentir al niño que sus padres están profundamente interesados en su bienestar.

COSAS QUE NUNCA, NUNCA (BUENO, CASI NUNCA) DEBEMOS HACER

No amenace —ello disminuirá su autoridad.

No soborne —al hacer tratos, usted siempre saldrá perdiendo.

No se enoje —demostrará su falta de control.

No rehúse dar explicaciones —de cualquier manera ellos irán con otras personas y a usted ya no le tomarán en cuenta.

No use el sarcasmo ni avergüence —es la manera más rápida de destruir su relación con ellos.

No desvanezca sus sueños —esto le alejará más de ellos.

El doctor Haim Girott dice que cuando un niño vive bajo la crítica no aprende a ser responsable, más bien, se habitúa a dudar de sí mismo y a hallar faltas en otros; a menospreciar sus capacidades y a desconfiar de las intenciones de los demás. Sobre todo, se habitúa a vivir bajo el miedo continuo de fracasar.

Un prominente psiquiatra cristiano realizó entrevistas con un buen número de niños que habían usado drogas alucinógenas. Una de las razones que dieron por haber echado mano de las drogas fue una gran insatisfacción con ellos mismos y sus relaciones con los demás. El mismo doctor examinó a 1.500 estudiantes expulsados y encontró dos características sobresalientes: (1) Marcado aislamiento de sus padres, especialmente del padre, y (2) una abrumadora apatía con absoluta falta de motivación. Cuando un niño vive con unos padres que confían en él, instintivamente desarrollará una opinión elevada de sí mismo y de sus hermanos y hermanas. Todo el mundo le parece mejor.

Es inevitable que haya riñas entre los niños; es natural. Esto es parte del proceso de preparación para vivir en el mundo adulto que le espera por delante. Los padres deben distinguir entre las tensiones superficiales que normalmente se dan entre personalidades jóvenes y el aborrecimiento profundo que puede destruir las relaciones para toda la vida. Los hermanos y las hermanas se necesitan los unos a los otros, pero cada uno es un individuo con personalidad propia, cosa que debemos reconocer y aceptar.

Quite el velo que pueda estar opacando el verdadero panorama de su hogar. En un artículo de *Selecciones* titulado «Hogar perfecto», Norman Corwin escribió acerca de los niños diciendo: «Un niño hace que el hogar sea un curso sobre educación, tanto para el niño como para sus padres; dos niños hacen del hogar un colegio privado; tres o más niños lo convierten en una universidad». Sea como fuere, el hogar es donde se preparan para lanzarse al mundo y, a la vez, es su fortaleza contra los ataques de ese mundo.

PARIENTES POLÍTICOS

La constelación de la familia frecuentemente incluye miembros satélites. Además de los padres y los hijos, muchas veces los abuelos, tíos, tías, y primos, son parte de la vida diaria. ¿Cuál es el papel y la relación adecuada de estos miembros de la familia?

Muchas veces, cuando se habla acerca de los familiares, se escucha una nota triste: «Me gustaría estar más cerca de ella, pero vivimos en mundos diferentes». ¿Cómo puede ser que dos personas que antes fueron íntimas se alejen tanto? La proximidad en el vínculo familiar tiene poco que ver con la intimidad entre los familiares. La amistad debe cultivarse, y los cristianos, más que los demás, tienen la responsabilidad de mantener buenas relaciones con los miembros de su familia, como un testimonio del poder de Cristo en la vida diaria.

En una ocasión, una señora se quejó diciendo: «Hace veinte años tuve una acalorada discusión con mi hermana acerca de un amigo. Ella se casó con él y yo me alejé». Una relación íntima se rompió y ha quedado rota por años. Más tarde esta señora recibió a Cristo como su Salvador. Ahora ¿cómo puede ella arreglar el distanciamiento, el abismo entre ambas?

Se pueden construir puentes sobre aguas muy turbulentas cuando Cristo es quien lo motiva. Tal vez se requiera pedir perdón, y usted ha jurado que nunca lo hará. Puede necesitar la humildad de espíritu que sobrepasa la capacidad humana. Empero con una perspectiva eterna, las irritaciones de la vida se reducen a su tamaño correcto. Pablo nos recuerda: «Todo lo puedo en Cristo...» (Fil 4.13).

Aun después de veinte años, una tarjeta de cumpleaños con unas frases cariñosas puede servir de puente: «Cada año, en este día, pienso en ti (y muchas cosas más); sólo quería decírtelo.»

A veces la distancia nos facilita arreglar las relaciones. Las amistades más difíciles de cultivar son aquellas con personas bajo el mismo techo. Difícil, sí, pero en cierta manera más fácil. Abundan las oportunidades. Momentos apropiados para decir: «Por favor, perdóname. Siento mucho lo que pasó». Una oportunidad para decir: «¿Por qué no me permites ayudarte?» Puentes edificados viga por viga para tenderlos sobre una hondonada emocional: para remendar, para sanar, para amar en el nombre de Cristo.

Uno de los problemas más espinosos es el de incluir a los abuelos en el círculo familiar. Un cuadro conmovedor aparece descrito en la historia antigua de Israel. El libro de Rut cuenta de una joven viuda moabita que dejó a su familia, su tierra, y su religión para dedicarse a su amada suegra Noemí. Noemí se ganó el amor y la lealtad de Rut. Examine de cerca esa relación. Noemí obtuvo satisfacción en su vejez, subordinando sus intereses personales a los de Rut. Ordenó su vida de tal manera que ayudó a la generación más joven. Permaneció activa, cooperadora, y murió contenta y satisfecha. Noemí fue un modelo para todas las suegras, abriendo abnegada y desinteresadamente su corazón a su nuera, formando así una amorosa unión entre ambas que duró toda la vida.

Debemos tomar en cuenta dos principios en relación con los papeles y las relaciones de los parientes políticos cuando viven con una familia:

1. El Antiguo y el Nuevo Testamento enseñan que los padres deben brindar el cariño, el sostén y el cuidado de los hijos (Éx 20.12; Lv 20.9; cf. Stg 2.14-20). Pablo escribió explícitamente a Timoteo: «Si alguno no provee para los suyos, y mayormente para los de su casa, ha negado la fe, y es peor que un incrédulo» (1 Tim 5.8).

2. Cuando se funda una nueva familia, no se debe diluir su integridad incluyendo a los suegros. Las Escrituras dicen: «Por esto el hombre dejará padre y madre, y se unirá a su mujer (Mt 19.5). Si por necesidad los padres ancianos se trasladan a la unidad familiar de uno de sus hijos, no deben querer, ni esperar, reasumir el control de la familia, sino jugar un papel secundario, tomando el modelo de Noemí.

> *Maridos, amad a vuestras mujeres, así como Cristo amó a la iglesia y se entregó a sí mismo por ella... Así también los maridos deben amar a sus mujeres como a sus mismos cuerpos.*
> *El que ama a su mujer, a sí mismo se ama... Cada uno de vosotros ame también a su mujer como a sí mismo; y la mujer respete a su marido.*
> *—Efesios 5.25-33*

Teniendo en mente estos principios, es claro que la decisión de cómo y dónde un padre (o madre) anciano debe vivir corresponde al padre de familia. El padre tiene el mandato bíblico de ver que sus padres y los de su esposa tengan satisfechas sus necesidades. ¿Cómo? Eso depende de las circunstancias individuales. Lo ideal es que el hombre y su esposa oren juntos y discutan la situación antes de que la decisión sea tomada. ¿Qué es lo mejor para el individuo? ¿Qué es lo mejor para la familia? Es el momento de ser bien prácticos y, a la vez, amorosos y sensibles.

MISIÓN EVANGELIZADORA DE LA FAMILIA

Elvira Zukowski de Ramírez[2]

En momentos en que muchas familias están en crisis o se ven amenazadas con su desintegración, los cristianos debemos redescubrir la responsabilidad que Dios asignó a este grupo humano para su feliz funcionamiento. Esta responsabilidad, que consiste en formar en cada integrante de la familia un cristiano genuino, no es otra cosa que la misión evangelizadora de la familia. El propósito de esta nota es precisamente reflexionar sobre el significado y las implicaciones de ese ministerio familiar.

Vemos ya desde el Antiguo Testamento que el propósito de Dios era que la familia fuera el principal foco evangelizador para sus integrantes. El mandamiento expresado en Deuteronomio 6.6 y 7 («Estas palabras que yo te mando hoy estarán sobre tu corazón y las repetirás a tus hijos...») no es sólo un mandato de enseñar una serie de reglas a nuestros hijos. Es eso, pero también mucho más. Si la ley de Dios estuviere en el corazón de los padres, como señala el v. 6, entonces la trasmisión será de corazón a corazón. La imagen de pasar algo de corazón a corazón nos sugiere que se trata de la transmisión de bienes espirituales a los hijos, lo cual es mucho más que la repetición verbal de un precepto.

El hecho de pertenecer a una familia cristiana no es garantía absoluta de que sus miembros serán definitivamente cristianos. Al llegar a la adultez cada hijo será libre para renovar su compromiso con Cristo de un modo más significativo o para escoger el camino que considere mejor. Pero también es cierto que pertenecer a la familia cristiana automáticamente nos coloca en una posición especial en el camino de la fe. Esta es la enseñanza de 1 Corintios 7.14: *«Porque el marido es santificado en la mujer, y la mujer incrédula en el marido; pues de otra manera vuestros hijos serían inmundos, mientras que ahora son santos.»*

La presencia de padres cristianos en la familia confiere el carácter de «santos» a los hijos. Esto no significa que ellos estén exentos de un compromiso personal con Dios. Lo que aquí se enfatiza es que un hogar cristiano cumple un ministerio impactante sobre sus hijos. Al respecto se ha dicho en el Congreso Mundial de Evangelización: «Hay una gran diferencia entre un hogar cristiano y uno que no lo es; entre los hijos de los creyentes y los hijos de los incrédulos.»[3] Es innegable que los hijos de hogares cristianos ya están en cierta manera iniciados en el camino de Jesucristo. Sus decisiones posteriores los reafirmarán o los alejarán.

Frente al fuerte énfasis que se ha puesto en una evangelización individualista es necesario reforzar el concepto de evangelización en familia. Esto no significa despersonalizar el encuentro con Cristo. Por el contrario, reconocemos que el compromiso personal con Dios es esencial para cada cristiano. Sin embargo, también reconocemos que si Dios nos creó y nos colocó en un contexto familiar para vivir, también quiere redimirnos juntamente con toda nuestra familia. Hechos 16.31 corrobora este énfasis familiar de la evangelización al decir: «Cree en el Señor Jesucristo y serás salvo, tú y tu casa». Creemos que el terreno más propicio para fomentar el compromiso personal es precisamente la evangelización de la familia en su plenitud.

Entre los elementos de que dispone un hogar cristiano para cumplir su ministerio de evangelización podemos considerar:

1. Clima afectivo

Existe una realidad que está tan presente en cada hogar como el aire que se respira y es la atmósfera creada por los que integran la familia. El carácter, los sentimientos, los principios y valores imperantes, el tipo de relaciones constituyen esta atmósfera que abarca a toda la familia y le da un carácter particular. Esta realidad es una vía por la cual la familia es evangelizada de un modo no menos fuerte que por la enseñanza consciente. No se trata de una actividad formal o planeada, sino de un impacto natural de la vida familiar sobre la de cada persona.

> *La familia es más sagrada que el estado, y los hombres fueron creados no para la tierra y el tiempo, sino para el cielo y la eternidad.*
> —Pío IX

Cuando se trata de una familia cristiana, ésta tiene (como cualquier otra) su atmósfera distintiva. Y es la calidad de esta atmósfera la que va a influir positiva o negativamente en su misión evangelizadora. Es cierto que el clima afectivo es creado por todos los integrantes del grupo familiar, pero la primera responsabilidad de imprimirle un carácter favorable para el desarrollo cristiano de los hijos recae generalmente sobre los padres.

El evangelio en la vida familiar se manifiesta básicamente en las relaciones interpersonales. Cuando estas relaciones están en crisis (por egoísmo, malentendidos, presiones externas u otros factores) es el poder de Cristo el que interviene reconciliando y restaurando esas relaciones.

La familia necesita un tiempo devocional para leer la Palabra y orar juntos. Pero más que estas actividades, lo que impacta en la vida cristiana en familia es el tipo de actitudes con que se relacionan diariamente sus miembros, o sea, el clima que se vive continuamente. Si las actitudes por lo general son tensas y no se produce la reconciliación, el momento devocional puede ser una experiencia frustrante y aun contraproducente.

Todas las situaciones del hogar enseñan el evangelio de un modo más contundente que cualquier tratado o curso sobre vida cristiana. Es en la vida familiar donde el niño descubre las respuestas a sus preguntas religiosas. Es en el modo en que es tratado por sus padres que percibe el amor de Dios hacia él. La manera en que los padres afrontan y resuelven los conflictos de pareja, las actitudes frente a las crisis económicas o afectivas, la valoración de las personas y de las cosas, la actitud positiva o negativa frente a la vida; son vivencias que se fijarán en cada hijo de un modo espontáneo pero definitivo.

2. Enseñanza

La familia es la principal responsable por la educación cristiana de los hijos. Esta educación debe incluir todas las verdades bíblicas como la de que Dios en su Hijo Jesús mostró su gran amor al ser humano, que Él espera la respuesta del hombre, y que la persona que vive sin Dios necesita ser convertida por el poder del Espíritu Santo.

Cualquier verdad bíblica puede y debe ser enseñada a personas de todas las edades. El problema aparece cuando se practica la enseñanza con torpeza por desconocer principios básicos como la evolución mental y afectiva de las personas que atraviesan por diferentes edades. Una teología mal entendida consideraría a los niños como adultos en miniatura, esperando de su conducta una perfección que al mismo adulto le es imposible alcanzar. Esta insensibilidad lleva a conocer la conducta de un niño que miente aun cuando esté en la etapa en que la realidad y la imaginación se superponen. La misma falla se comete cuando se juzga mal a un adolescente que vive altibajos emocionales, típicos de su edad. «Una sana teología reconoce que Dios no demanda el mismo comportamiento a personas de diferentes edades. Dios no espera que los niños actúen como adultos; simplemente los acepta como niños que son y con la fidelidad que se puede esperar de un niño.»[4] Es indispensable que la educación evangelizadora en familia provea oportunidades para respuestas de cada uno de sus integrantes. La enseñanza de la Palabra de Dios siempre requiere una respuesta del hombre. El que enseña a su familia la Palabra de Dios y no busca intencionalmente respuestas personales, actúa como el labrador que echa la semilla y nunca vuelve a buscar el fruto.

Tan importante como dar lugar a respuestas o reacciones es también dejar claro en qué consiste cualquier tipo de decisión con la que se confronta a las personas. Sólo es válido aquel evangelismo que explica con claridad las implicaciones de cualquier respuesta de compromiso que asumirá la persona.

El tipo de respuesta dependerá de las diferentes edades, de las necesidades de cada persona y del mensaje de Dios que se haya presentado. No debemos esperar respuestas estereotipadas, pues Dios es el que hace la obra en las personas y Él puede actuar de modos no previstos por nosotros.

Basándonos en 2 Timoteo 3.15 («... *desde la niñez has sabido las Sagradas Escrituras, las cuales te pueden hacer sabio para la salvación por la fe que es en Cristo Jesús*»), debemos reconocer que la enseñanza de la Palabra conduce a la salvación, se trate o no de una apelación al arrepentimiento y la fe. Por tanto podemos decir que «estamos evangelizando al enseñar las Escrituras y estimulando cualquier tipo de compromiso que requiera el pasaje enseñado.»[5]

DIEZ MANDAMIENTOS PARA FORJAR DELINCUENTES[6]

- Dé al niño todo lo que desee, así crecerá con la idea de que el mundo le pertenece.
- Cuando diga palabras feas, celébrelo con risas. Le hará pensar que es ingenioso y esto lo alentará a aprender frases «más ingeniosas».
- Nunca le dé instrucción espiritual alguna. Espere hasta que sea mayor de edad y entonces déjelo «decidir por sí mismo».
- Evite el uso de la palabra «incorrecto». Puede crearle un complejo de culpabilidad. Así, más tarde, cuando sea arrestado por robar un automóvil, creerá que la sociedad está contra él y que se le persigue.
- Recoja todo lo que él deje tirado: libros, zapatos, ropa. Hágale todas las cosas de modo que se acostumbre a echar toda la responsabilidad sobre otros.
- Déjelo que lea cualquier material impreso que llegue a sus manos, de modo que su mente se deleite en la basura.
- Mantenga frecuentes peleas en presencia de sus hijos. De este modo no se verán tan afectados cuando más tarde el hogar se deshaga.
- Dele a su niño todo el dinero que desee gastar. No le permita ganarlo por sí mismo.
- Satisfaga todo lo que pide —comidas, bebidas, comodidades— y ocúpese de que sean complacidos todos sus deseos sensuales.
- Póngase de parte de él y en contra de los vecinos, maestros, y policías. Todos están prejuiciados en contra de su hijo.

Notas

1 Dr. Ed Wheat, *El amor que no se apaga*, Editorial Betania, pp. 21-31.
2 *Revista Misión*, no. 15, p. 131.
2 *Revista Misión*, enero-marzo de 1983.
3 Herman H. ter Welle, «Evangelization of Children», *Let the Earth Hear His Voice*, ed. J.D. Douglas, World Wide Publications, Minneapolis (Minnesota), 1975, p. 727.
4 Randolph Crump Miller, *Education for Christian Living*, Prentice-Hall, New York, 1956, p. 69.
5 «Scripture Union's Ministry to Children-Statement of Principle», *Share the Word: A Report on the Scripture Union Enlarged International Council Meeting 1979*, Ark Publishing, Londres, 1979, p. 30.
6 Documento elaborado por la policía de Houston, Texas.

capítulo 4
LA COMUNICACIÓN EN EL MATRIMONIO

Guillermo D. Taylor[1]

En la práctica, el matrimonio se constituye en un territorio de guerra y de paz. En efecto, cuando ello no ocurre es porque, de alguna manera, uno de los cónyuges ha sido anulado por el otro, dominado, suprimido como persona. De otro modo, cuando ambos cónyuges son sinceros y dejan entre sí cierto espacio de libertad, surge, inevitablemente, la guerra. Bueno, no una guerra sin cuartel —¡esperamos que no sea así en su caso!— sino, más bien, de conflictos o problemas. Pero la guerra tiene que dar lugar a la paz, a la reconciliación. Este es nuestro tema de hoy. Nos basaremos en un trabajo muy práctico elaborado por el Dr. Guillermo David Taylor, que fue profesor de «Hogar Cristiano» en el Seminario Teológico Centroamericano de Guatemala, asignatura muy enriquecedora para quienes tuvimos el privilegio de cursarla. También veremos cómo se puede restaurar la paz y tender puentes de comunicación.

En este estudio
1. Conoceremos las armas más comunes que se utilizan en la «guerra matrimonial».
2. Indicaremos los pasos que se dan en la generación de la ira en el matrimonio.
3. Buscaremos los caminos más viables para restaurar la comunicación en la pareja.

4. Nos sensibilizaremos acerca de la importancia de pedir y ofrecer perdón.

5. Conoceremos las formas básicas para mantener la comunicación entre esposos.

Recuerdo bien que durante mi noviazgo con Ivonne tuve unos problemas de comunicación con ella. Llegué tarde a mi casa una noche, tratando de entrar a mi cuarto sin despertar a mis padres. Silenciosamente, me prepare para dormir, cuando de repente la puerta se abrió y entró mi padre, la persona que menos quería ver aquella noche. Se sentó sobre la cama, y con su voz tranquila y su mirada penetrante me preguntó: «¿Tienes problemas con Ivonne?» No pude negarlo y, para alivio mío, él no quería detalles de las tensiones. Pero lo que me dijo después ha quedado grabado en mi memoria como pocas cosas. «Guillermo, no es fácil tener y desarrollar un buen matrimonio. Hay que trabajar, trabajar duro y constantemente en el hogar. Tu madre y yo tenemos una excelente relación porque con la ayuda de Dios hemos luchado para que así fuera. Pero nunca será fácil» Y después de una amena y comprensiva conversación, me dejó solo, y despierto. ¡Qué profeta!

Pocas parejas en la noche de su boda se dan cuenta de los problemas que pronto van a encontrar. Muchos novios ingenuos llegan al altar creyendo que los delirios románticos de las telenovelas y sus sueños idealistas se van a cumplir en su recién estrenado matrimonio. Pero no es así, y en la mayoría de los casos, los problemas vienen antes de lo esperado. Muchos problemas surgen por cosas relativamente insignificantes, tales como la manera de sacar la pasta de dientes del tubo, o de tirar la ropa sucia, o cómo dejan la tapa del inodoro (¿abierta o cerrada?). «¿En qué me he metido?», se dicen a sí mismos, y dudan si van a poder aguantar.

Creo que hay que recordar que los problemas en sí son normales en la vida, y aún más en un hogar donde por primera vez dos personas están viviendo juntas las «24 horas del día», bajo el mismo techo, tratando de amarse, entenderse, crecer mutuamente, y solucionar los problemas a medida que vienen. Con razón Cristo afirma que el matrimonio ha de ser para siempre. Lleva toda una vida el comprenderse, apreciarse, y llegar a la armonía mutua, que sólo viene con el tiempo.

En este capítulo quiero, en primer lugar, presentar algunas de las «armas» de la batalla matrimonial; en segundo ofrecer algunas sugerencias que sirvan para restaurar y construir puentes de comunicación y, finalmente, concluir señalando unos pasos para vivir sabiamente en el hogar.

LAS «ARMAS» DE LA GUERRA MATRIMONIAL

Durante un retiro para parejas cristianas jóvenes tuvimos un fascinante diálogo en grupo. Les había pedido que hicieran una lista de las «armas» que se utilizan en el matrimonio y, con gran espontaneidad, surgieron las siguientes:

1. La ira y su explosión.
2. El silencio.
3. Las lágrimas.
4. Las palabras fuertes.
5. Las actitudes despreciativas.
6. Fingir enfermedades.
7. La oposición permanente.
8. El sexo.
9. Abandono del hogar.
10. Los privilegios.
11. El maltrato físico.

Los he colocado más bien en el orden en el que se mencionaron, no en el de gravedad, porque todos son serios. Tal vez usted conozca otros más que no he mencionado pero, francamente, los once son casi demasiado para mí. Comentemos algunos de estos «armamentos».

La ira, seguida rápidamente por la explosión, es una de las «armas» más comunes usadas en el hogar. Las tensiones crecen a causa; de malos entendidos, deliberados o sin intención. Llega el encuentro y la calurosa discusión, a veces al rojo vivo. Se calientan los ánimos y nos olvidamos del proverbio: «La blanda respuesta quita la ira, mas la palabra áspera hace subir el furor» (Pr 15.13). Saltan las palabras y pensamientos hirientes, y en unos segundos estamos lanzando bombas de profundidad. A veces recurrimos a otras armas para agudizar el problema. En fin, estalló el conflicto, y ¿ahora qué? A veces es posible lograr la calma instantáneamente pero, por lo regular, se requiere un poco (esperamos que no mucho) de tiempo para que los dos recuperen el equilibrio y la objetividad. Lo más importante en estos casos es reconocer que los dos han tenido la culpa, que pidan y ofrezcan perdón, y que traten la chispa original con la calma de dos cristianos maduros. ¡Ojalá fuera tan fácil!

El silencio, como castigo, es uno de los más difíciles de tratar dentro del matrimonio y, probablemente, la mayoría de las parejas lo han utilizado alguna que otra vez. Algunos cónyuges se especializan en esta arma. Recuerdo un caso en que el esposo aplicó el tratamiento del silencio a su esposa durante tres meses; y durante todo el tiempo se mantuvo en el hogar, relacionándose «normalmente» con los demás miembros de la familia. Poco después supe de un hogar donde guardaron silencio ¡por dos años! ¿Por qué usamos este tipo de castigo? A veces, es porque francamente no sabemos qué decir, y es preferible no decir nada, y esta situación puede prolongar el silencio como castigo fuerte. En otros casos, es arma de pura venganza e ira. Cuando se prolonga, revela incapacidad, o

falta de deseo, de solucionar el problema, de encararlo objetivamente como hombre y mujer cristianos. Se prefiere dejar a la otra
persona en la condición de no saber qué hacer ni qué decir.

Las lágrimas casi siempre son un arma más usual en las esposas que en los esposos. Hay pocas armas que descontrolen tanto
al marido como una catarata de lágrimas y sollozos. ¿Qué se puede
hacer? Si habla, llora más; y si no dice nada, sigue llorando. Las
lágrimas son una expresión emocional legítima del ser humano. Se
llora por muchas razones, desde alegría hasta ira. En el matrimonio
creo que más se llora por haber recibido maltrato, por sentimiento
de culpa, o a causa de enfermedad o embarazo. En sí, no hay nada
malo en llorar, y puede ser una buena catarsis emocional en que se
descargue la tensión acumulada. Pero cuando se comienza a utilizar consciente o inconscientemente como mecanismo de defensa,
entonces sí hay problemas serios. Llega a ser un escape de la realidad, una negativa a enfrentar el problema, o una manipulación
muy eficaz, pero destructiva del hogar.

Las palabras fuertes tienen muchas variedades. Son una de
las armas más fáciles de utilizar. No tienen que incluir vocablos
vulgares o blasfemos, aunque a veces ocurren. Muchas veces las
palabras revelan las propias debilidades que estallan en el momento
de la ira. Se hace referencia al pasado de uno de los cónyuges o a
sus familiares o, lo que es peor, a la suegra. Se mencionan muchas
cosas que no se pueden controlar ni cambiar, como defectos emocionales o físicos, obesidad, incapacidad de concebir hijos, u otras
parecidas. Muchas veces estas palabras fuertes van acompañadas
de «nunca» y/o «siempre» en contexto negativo. ¡Qué formidable
el pasaje de Efesios 4.25,29,31,32!

Por lo cual, desechando la mentira, hablad verdad cada
uno con su prójimo; porque somos miembros los unos de
los otros. Ninguna palabra corrompida salga de vuestra

boca, sino la que sea buena para la necesaria edificación, a fin de dar gracia a los oyentes.

Quítense de vosotros toda amargura, enojo, ira, gritería y maledicencia y toda malicia. Antes sed benignos unos con otros, misericordiosos, perdonándoos unos a otros; como Dios también os perdonó a vosotros en Cristo.

Este párrafo lo he dado como tarea para memorizar a parejas que vienen en busca de orientación para un matrimonio en crisis. Es una tremenda terapia espiritual.

Las actitudes despreciativas son sutiles y algunas personas las han llevado a un grado singular de perfección. A veces, sólo la pareja entiende lo que se le ha comunicado a través de un gesto o una mirada. Pero el observador astuto llega a «pescar» estas actitudes. A veces surgen en privado, otras en público. Unas veces vienen sin palabras, otras cambian el gesto o la mirada con palabras suaves que son como la mordedura de una silenciosa serpiente venenosa. En privado o en público, en ocasiones el arma se utiliza sin que el cónyuge «atacado» lo sepa. Si es en privado, Dios lo ve, y si es en público, a veces no sólo Dios, sino otras personas notan que el matrimonio tiene problemas.

En cierta ocasión, una pareja de amigos estaba de visita en nuestro hogar. Ese día, no recuerdo por qué motivo, le di a Ivonne una rosa amarilla. La esposa visitante le comentó: «¡Qué bonita flor!», a lo que Ivonne comentó que yo se la había dado ese día. «¿Y qué, has celebrado algo especial?» Al recibir la explicación, ella comentó en presencia de su marido: «¡Ojalá que mi esposo fuera tan sensible con su esposa!» Fue un golpe directo y penetrante; esas palabras nos dijeron mucho de esta pareja y sus problemas. También fue como un clamor desesperado por parte de la esposa hacia su esposo para que él la tomara más en cuenta en cosas pequeñas y cariñosas. Él nunca cambió, desafortunadamente, y ella siguió tirando esas «indirectas».

Fingir enfermedades casi requiere el comentario de un buen médico, psicólogo o psiquiatra cristiano. Yo no lo soy, pero reconozco que usar la excusa de una enfermedad crónica requiere ayuda profesional para establecer las causas y la terapia de solución. Esta arma indica causas muy profundas, muchas de las cuales regresan a la infancia, la niñez y la juventud del que la usa. Sin embargo, en algunos casos, cuando la persona se da cuenta de lo que está haciendo, sí hay esperanza de cambiar, enfrentar los problemas y solucionar las tensiones.

La oposición permanente casi no merece comentario. Revela a un adulto infantil, que al no poder salirse con la suya en su matrimonio, se desquita de esa forma. Cuando en el aconsejamiento matrimonial surge esta queja, trato de investigar algo del hogar en que creció el que usa esta arma, y en particular su relación con los padres y la manera en que educaron y disciplinaron, o no, a sus hijos. Pero siempre en problemas matrimoniales se requieren dos personas para causar el lío, y busco averiguar cuándo aparece esta arma de inmadurez. Muchas veces por medio del consejero cristiano, o incluso mediante la lectura de un libro que trate el tema, se puede descartar esta arma y seguir hacia la madurez cristiana.

El arma sexual es una de las más delicadas, menos compartidas, y más utilizadas en el matrimonio. Por su naturaleza privada, pocas personas van a pedir en público o privado ayuda en oración por un cónyuge que esté negándose a la relación sexual. ¿Por qué surge esta situación? Era un problema en Corinto por el concepto que algunos casados tenían del matrimonio y el sexo. San Pablo, en 1 Corintios 7, tuvo que dirigirse a una idea que venía de la filosofía griega, en la que se afirmaba que todo lo espiritual era bueno y todo lo material estaba propenso al pecado, o aun era en sí malo. ¿Y qué cosa más «material» que la relación sexual?

Por eso, en busca de «santidad», algunos cónyuges habían dejado de practicar esa relación íntima. San Pablo aconsejó a la iglesia de Corinto con palabras directas. Puede ser que hoy aparezca esta arma envuelta con la misma excusa, y el consejo paulino es igual. Pero más bien creo que aparece como castigo muy eficaz al cónyuge que ha cometido una falta, y no por razones espirituales. Si la esposa lo hace, el marido la puede forzar a tener relaciones íntimas, pero probablemente no va a querer hacerlo. Si es el esposo quien se niega, no hay nada que la esposa pueda hacer para forzarlo a cumplir con su deber conyugal. Él, simplemente, no puede por razones fisiológicas. Es un arma peligrosa porque puede llevar a la persona a la que se le niega a buscar satisfacción en otra parte, y eso sólo complicaría el problema.

El abandono del hogar surge como última arma nocturna en muchas peleas matrimoniales. A continuación de una fuerte y acalorada discusión, con sus palabras abusivas, ira, lágrimas, y actitudes despreciativas, uno de los dos abre la puerta con violencia, la cierra con un tremendo golpe, y sale furioso. Cae el silencio, pero el problema se ha agudizado. El esposo es el que puede usar esta arma más, porque le es más fácil salir de casa y buscar otro lugar donde estar, pero la esposa también la utiliza. Lo peor es cuando él se escapa a casa de su querida mamita, que lo ha mimado tanto. En muchos casos tiene resultados peligrosos para el futuro del matrimonio. Una fuga, como arma, refleja debilidad de carácter, incapacidad de enfrentar las causas del problema, y la ira que surge. Pero es síntoma de problemas más serios que se tienen que tratar a fondo.

La privación de privilegios casi siempre es utilizada por el hombre que trata de imponer su autoridad y machismo sobre la mujer —objeto que tiene en sujeción en su hogar-dominio. Es una forma de castigar a la esposa como si fuera una niña, no permitiéndole que salga de casa para ir a la tienda, a la iglesia, a pasear, u otra cosa semejante.

El maltrato físico es lo más drástico, y es de lamentar que ocurra también en hogares que se llaman cristianos. La ira descontrolada que desemboca en golpes es el extremo de un adulto sin dominio propio. En una iglesia evangélica llegó un cierto domingo al culto una joven esposa con un nuevo peinado. Alguien la felicitó por estrenar el peinado; pero después, en una conversación íntima, la señora confesó que la razón por la cual lo tenía era porque esa semana su esposo la había golpeado tanto que le arrancó manojos de cabello. Ella tuvo que recurrir a un salón de belleza para que le igualaran el pelo.

Las armas que forman el arsenal de la guerra matrimonial son amplias, devastadoras, y pueden llevar al hogar a la desintegración total. Evalúe usted su propio hogar para ver cuáles utiliza para la defensa y el ataque. Analice el porqué de su uso y, progresivamente, elimínelas de su vida a fin de poder disfrutar de un hogar genuinamente cristiano.

> *El corazón siempre tiene la facultad de perdonar.*
> —Mad. Swetchine

«Pero estoy seguro de vosotros, hermanos míos, de que vosotros mismos estáis llenos de bondad, llenos de todo conocimiento, de tal manera que podéis amonestaros los unos a los otros» (Ro 15.14).

Pablo, como apóstol sabio, sabía que las relaciones humanas eran frágiles, y que se necesitaba un esfuerzo constante para mantener abiertas las líneas de comunicación. También sabía que en algunas ocasiones era necesario que una persona hablase en confianza con el cónyuge para corregir o enderezar algo en su vida. Por eso escribe este pensamiento. Pero noten las condiciones para poder amonestar al otro: estar llenos de bondad o controlados por motivos bondadosos; y estar llenos de conocimiento y controlados por la comprensión del caso. Sólo así será posible una «amonestación» positiva —vocablo y concepto más fuerte que el de «exhortación»— de cristiano a cristiano.

La aplicación al hogar es clara y aparentemente fácil, pero se requiere sabiduría para saber cómo hacerlo. Supongamos que usted como esposo o esposa ha observado algo en su cónyuge que le inquieta o molesta. Tal vez usted nota que han dejado de compartir en algunas áreas, o se da cuenta de que su cónyuge está pasando por una situación difícil en su vida. Tal vez usted desea hablar acerca de temas de gran envergadura que afectan al futuro de su hogar. O tal vez es una irritación relativamente pasajera, pero que necesita y merece un diálogo para arreglar las cosas. Las sugerencias que menciono ahora tienen el propósito de poder realizar a cabo conversaciones saludables que fortalecerán su matrimonio. En cualquier caso, usted, sea esposo o esposa, debe haber tomado la iniciativa para entablar el diálogo. Es mejor cuando los dos se ponen de acuerdo para dar estos pasos en la comunicación.

En primer lugar, **pida la ayuda de Dios**. Usted necesita al Señor para estar seguro de que el tema merece discutirse. Necesita al Señor para saber cómo iniciar la conversación y qué puntos enfocar y qué palabras utilizar. Usted necesita al Señor para mantener la serenidad. Ore al Señor. Al orar, tal vez se dará cuenta de que hay que esperar un buen tiempo antes de dar el segundo paso.

Segundo, busque la ocasión apropiada. Hay momentos en que en ningún sentido se debe comenzar una conversación seria de este tipo, por ejemplo, en el momento de salir de casa para ir a la iglesia el domingo por la mañana. Ese tiempo es para terminar de arreglarse a fin de poder llegar a la iglesia sin estorbo ni enojo. De por sí, el domingo por la mañana Satanás parece activar todo su ejército de demonios para neutralizar a los cristianos. Yo, como esposo, sé también que nunca debo iniciar un diálogo difícil durante la tarde, entre las 17:00 y las 19:00 horas. Ese tiempo es el más difícil para la familia. La esposa está tratando de preparar la cena, los niños están con hambre, el esposo irritado por algo que le pasó, y todos cansados por el trajín del día. Para nosotros, la hora mejor es cuando los niños ya están en cama, el trabajo de la cocina ha terminado y los dos estamos solos.

Debe ser un tiempo sin los niños, porque muchas veces el tema tendrá que ver con ellos. También el hablar en privado es básico para mantener detrás de las puertas de la alcoba la naturaleza del tema y el proceso de la conversación.

En tercer lugar, **presente su tema y su punto de vista**. Trabaje con lenguaje sencillo, con un argumento lógico y claro, y con serenidad. Hable pausadamente, estando seguro de que usted está comunicando fielmente sus ideas. Puede ser que el tema requiera un tiempo **muy breve**. Por ejemplo, si se trata de la manera en que el esposo tira sus zapatos en cualquier lugar por la noche, esto no requiere mucho tiempo. Pero si se trata del futuro de la familia y de un cambio de trabajo o residencia, o de una cosa más profunda, entonces asegúrese de que haya tiempo adecuado para expresar su punto de vista, con lugar también para respuesta:

No se enoje en el transcurso del diálogo. Esto suele suceder cuando usted nota reacciones visibles en la cara o frecuentes interrupciones. Tal vez pierda usted su lógica o su calma, y como quizás el tema sea algo delicado, está propenso a perder el control de sus emociones. Recuerdo que una vez, mientras Yvonne hablaba acerca de un problema, comencé a irritarme rápidamente, y ella me tuvo que parar diciendo: «Guillermo, no te enfades. Permíteme explicarte todo el caso y después puedes contestar». Esto me tranquilizó, y ella continuó. Fue duro de todos modos, pero por lo menos nadie se enojó en aquella ocasión.

En quinto lugar, **ofrezca una oportunidad para responder**. A veces es difícil que la otra persona espere para responder, pero es lo deseado. Hay que ser sensible a la respuesta, porque muchas veces nos autoengañamos y no vemos las cosas con claridad. También, en la respuesta puede venir una explicación del «porqué», la cual lleve a los dos a un mejor entendimiento y satisfacción.

Si es necesario, pida y ofrezca perdón. Esto es dificilísimo en nuestra cultura. A pesar de ser cristianos, no nos gusta pedir perdón. Pero no hay reconciliación sin perdón mutuo. Recuerdo una pareja que nunca pudo perdonarse, por lo cual el matrimonio tenía toda la garantía del fracaso. Pedir perdón es difícil porque nos obliga a reconocer que hemos errado, que somos culpables. A veces no lo queremos hacer porque no queremos reconocer dentro de nosotros mismos que hemos pecado, y mucho menos queremos que la otra persona lo sepa también. Pero hay pocas cosas más terapéuticas que perdonar y ser perdonado. Por diferentes razones, muchas veces nos es difícil perdonar. En parte porque significa hacernos vulnerables ante la otra persona, en parte porque estamos heridos personalmente y no podemos perdonar en el momento, y en parte porque cuando alguien pide perdón nosotros tenemos poder sobre la persona, y no queremos ceder nuestra posición superior. Aquí es donde la ética cristiana corta contra toda formación cultural y social que dice: «No ceda, no sea débil, no sea cobarde, no perdone ni pida perdón». En el matrimonio hay que pedir perdón y hay que perdonar... muchas veces.

Finalmente, después de toda la conversación, que tal vez ha sido difícil, entregue el problema al Señor. Él nos conoce mejor que nosotros mismos; Él entiende nuestras aspiraciones. Acudamos a Él para la restauración y la tranquilidad. Probablemente, muchos de nuestros problemas más serios menguarían en dificultad si recurriésemos más al Señor en profunda oración.

ALGUNAS SUGERENCIAS BÁSICAS PARA MANTENER VIVA LA COMUNICACIÓN

Doy por sentado que la razón por la que usted se ha casado es que desea compartir la totalidad de su vida con la otra persona, que usted la ama profundamente, y que ha tomado los votos matrimoniales en serio. El matrimonio no es fácil, ni es una empresa legal en la cual cada uno entrega el 50% para sumar el 100 %. No, cada uno comparte su 100% para sumar el total del 100 % en Cristo. Requiere sacrificio continuo, amor de entrega y sumisión mutua como características básicas del matrimonio.

Las sugerencias que siguen son el producto de mi observación de buenos matrimonios que han dado un ejemplo como familias auténticamente cristianas. Muchos de los que leen este libro podrían añadir otras ideas que les han funcionado, pero por lo menos aquí van nueve. Estas sugerencias son características de una buena amistad. Mi esposa es también mi amiga, mi amante. Lo que tenemos que cultivar son las dimensiones fundamentales de ser amigos: sinceridad, conocimiento (conocer y darse a conocer), confianza, compartimiento, aprecio y apoyo mutuo, respeto, tiempo adecuado, aceptación incondicional.

En primer lugar, **compartan juntos su vida espiritual**. Espero que cada esposa y esposo tenga una vida privada de oración pastoral por la familia y un estudio personal de la Biblia. Pero aquí me refiero a una vida de unidad espiritual, a una vida de oración juntos. Para nosotros fue difícil encontrar la mejor hora para orar juntos. Mi esposa es una persona que trabaja bien de noche, pero no muy bien durante la mañana. Yo de noche me canso rápidamente, pero al inicio del día tengo en operación todo mi sistema físico, emocional, y espiritual. En otras palabras, ella es un «búho» y yo soy un «gallo». ¿Cuándo iremos a orar juntos? Llegamos a un acuerdo: tendría que ser de noche, pero no muy tarde, luego de acostados los niños, por ejemplo. Entonces podríamos conversar y orar juntos. Lograr esto fue un triunfo difícil, y sólo la gracia de Dios nos ha ayudado a perseverar. También los esposos deben leer artículos y libros que les inciten a crecer espiritualmente. Nosotros, por ejemplo, casi siempre leemos un libro. Unas veces lee ella, otras yo, pero en cada caso dialogamos acerca del contenido. En esencia, buscamos estimularnos al crecimiento en Cristo.

En segundo lugar, **aprenda a decir la verdad**. No sólo es un principio bíblico, sino que es una tremenda base psicológica aplicable a toda la familia. Cierto, nadie afirmará que la mentira y el engaño son mejores que la verdad, pero la práctica niega la teoría. Estuve aconsejando recientemente a una pareja en crisis. Ellos aparentan felicidad cómo pareja y con sus niños, su casa propia, y su buen salario. Pero, lamentablemente, el hogar está fracturado por el engaño, engaño que comenzó antes del matrimonio y ha continuado. Ni él ni ella fueron sinceros, y la infidelidad matrimonial ha contribuido a una dolorosa desintegración. Lo triste es que casi no hay esperanzas de reconciliación. Mis amigos lectores, aprendan a decir la verdad desde los días en que son amigos, después novios, y luego cónyuges. ¡Qué fácil es decirlo, pero qué difícil hacerlo!

> *Perdonamos muy poco;olvidamos demasiado.*
> —Mad. Swetchine

Tercero, **cultiven la práctica de alabarse mutuamente**. No me refiere a la lisonja, que es engaño y mentira. Si la pareja se reduce a lisonjearse, el matrimonio está en grave situación. Me refiero a la habilidad de felicitarse honestamente acerca de cosas que les agradan. Por ejemplo, el esposo debe agradecer a la esposa todo el tiempo que ella pasa transformando la casa en un hogar. Esto es un trabajo a tiempo completo sin remuneración, pensión, ni jubilación. Ella merece alabanza. Felicítela por su peinado, por su vestido, por su personalidad, por su amor, por su dedicación al Señor, por aguantarlo a usted. ¿Y ella? Puede felicitar a su esposo por amarla, por proveer para ella y la familia, por ser trabajador, por la camisa nueva que le queda tan bien, por su espíritu amoroso, por su dirección y ejemplo espiritual. En fin, a cada pareja corresponde la tarea de hacer una lista de cosas que merecen alabanza. Lea Proverbios 31.10-31 a través de los lentes de un hombre casado y todavía enamorado. Sobre todo deben preservar el amor romántico, y no dejar nunca de decir «te amo» o «te quiero», o algo similar, y ¡con sentimiento!

En cuarto lugar, **compartan sus vidas**. Esto es algo que aprendí de mis padres. Como los dos trabajaban en el ministerio cristiano, tenían muchas actividades aparte. Pero siempre dedicaban un tiempo cada día para compartir lo que habían hecho, pensado, y leído. El esposo, al regresar a casa del trabajo, debe preguntarle a la esposa como le ha ido a ella durante el día. Es increíble cómo esta pregunta trae tranquilidad y comunicación al hogar. Él se interesa por ella. Después, él le dice cómo le fue durante el día. Hay que tener cuidado de comunicar no sólo las cosas amargas. Compartan también sus sueños, sus aspiraciones, sus pensamientos. Al mismo tiempo deben comprender que cada uno necesita su propia vida privada. Hay cosas y tiempos que son para uno solo. Esto es saludable y en ningún sentido viola la importancia de compartir. Pero requiere tacto.

Quinto, **pasen por alto las limitaciones y los defectos secundarios**. Bien dijo el apóstol Pedro que «ante todo, tened entre vosotros ferviente amor; porque el amor cubrirá multitud de pecados». Hay cosas que al principio parecen ser trascendentales, pero al pasar los años menguan en importancia. De soltero pensaba que me casaría con una mujer dedicada al deporte. Me encantaba montar a caballo y gozar de otras actividades vigorosas. Cuando me case con una mujer de gustos artísticos, pianista y amante de la música, me dije: «Dentro de poco la convenceré de que el deporte sería magnífico para ella». Nunca llegó ese día, y ahora me gozo en no haberla forzado en esta área. Ella me ha enseñado a apreciar el arte, la música, y otras cosas y, ocasionalmente, me acompaña a algún evento deportivo. Hay otras áreas en las que uno puede efectuar el cambio, como características físicas, o la respectiva naturaleza emocional. No debemos tratar de moldear al cónyuge a la imagen de nuestros sueños idealistas. Sencillamente, un buen matrimonio no funciona de esa manera.

En sexto lugar, **elimine el uso de palabras tales como «nunca» o «siempre»** cuando vayan acompañadas de un tono negativo. Por ejemplo: «Es que tú NUNCA has demostrado interés en...», o: «Pero tú SIEMPRE te has opuesto a mi madre, y NUNCA...» Estas dos palabras utilizadas en este contexto SIEMPRE hieren y NUNCA sirven para bien.

Séptimo, no deje que el sol se ponga sobre sus cuentas negativas pendientes. El principio lo encontramos en Efesios 4.26,27: «No se ponga el sol sobre vuestro enojo, ni deis lugar al diablo». El principio de mantener «las cuentas cortas» se tiene que aprender temprano en el noviazgo y el matrimonio. Yvonne y yo nos hemos propuesto no dormirnos si no estamos en comunión básica. En ocasiones el reloj ha dado las primeras horas de la mañana cuando, al fin, se han arreglado las cuentas. La idea es que uno no debe permitir saldos acumulados de resentimientos, disgustos y enojos. Hay que tratar las cosas ya, con sabiduría y ternura.

Octavo, póngase de acuerdo acerca de los temas más importantes que atañen a su familia. Algunos de éstos son: finanzas, suegros, vida sexual, niños, actividades sociales, planes para el futuro. Claro, si ustedes como esposos tienen un matrimonio caracterizado por la buena comunicación, estos diálogos le vendrán con mayor naturalidad. Pero si no, entonces tienen que aprender ahora a tratar de temas que van más allá de lo corriente. Para mí, como pastor y consejero, ha sido tremendamente desanimador ver la cantidad de parejas que no dialogan seriamente. Esto lo he encontrado aun dentro del círculo clave del liderazgo en la obra del Señor. Bien reza el dicho: «Hablando se entiende la gente.»

Finalmente, como pareja cristiana, propóngase la meta de crecer juntos en su relación global. ¡Qué triste es observar a matrimonios que tal vez se han mantenido unidos a través de los años sólo por los hijos, pero que no han crecido juntos! Este desarrollo requiere una sensibilidad mutua entre esposos. En particular, exhorto a los maridos a no involucrarse tanto en sus propios trabajos a fin de no marginar sus responsabilidades hogareñas. El reto es enorme, pero con la gracia del Señor, podremos experimentar un hogar feliz, caracterizado por la comunicación abierta, a pesar de las dificultades normales de la vida.

PARA COMUNICARSE:
ESCUCHAR MÁS, HABLAR MENOS

H. Norman Wright

En su libro *Herein is love* [Aquí está el amor], Reuel Howe dice: «Si existe alguna perspectiva indispensable con la cual debe comenzar su vida juntos una joven pareja, ésta consiste en que ambos deben intentar, a toda costa, mantener las líneas de comunicación entre ellos.»

Desgraciadamente, no es nada raro que las líneas de comunicación se rompan. Estas roturas son, a veces, debidas a que el marido y/o la mujer no quieren o no pueden hablar de lo que ocurre en sus vidas. Pero este mismo resultado se produce a menudo cuando los componentes del matrimonio no escuchan atentamente cuando habla el otro. No pueden existir sólidas líneas de comunicación si no se escucha con la atención debida.

Alguien ha sugerido que escuchar atentamente con la boca cerrada es una básica habilidad comunicativa necesaria en el matrimonio. Piense en su propia norma de comunicación. ¿Escucha usted? ¿Cuánto oye usted de lo que se dice? Se estima que una persona suele oír solamente el 20 por ciento de lo que se habla. ¿Qué hace falta para escuchar con eficacia?

Escuchar eficazmente significa que cuando alguien habla usted no está pensando en lo que va a decir cuando el otro termine. Por el contrario, usted debe captar todo cuanto dice su interlocutor. Como Paul Tournier manifiesta: «Qué experiencia tan hermosa, grande y liberadora representa el que la gente aprenda a escuchar a los demás. Resultaría imposible subrayar hasta qué punto necesitan los humanos que se les escuche realmente».

Escuchar es algo más que esperar cortésmente a que nos toque hablar. Es algo más que oír palabras. Escuchar de veras es recibir y aceptar el mensaje cuando nos lo envían, tratar de comprender lo que la otra persona quiere decir. Cuando esto sucede, usted no se limita a decir: «Le escucho». Usted puede decir: «Comprendo el significado de sus palabras.»

Aunque el escuchar se considera, generalmente, como una parte pasiva de la comunicación, en realidad no es así. Escuchar sensatamente es llegar hasta nuestro interlocutor, preocuparse activamente por lo que dice y por lo que quiere decir.

En su libro *After You 've Said I Do*, Dwight Small señala que escuchar no resulta fácil ni natural para la mayoría de la gente. Nuestra preferencia innata no es escuchar. A muchas personas, lo que les gusta es hablar. Preferimos expresar nuestras ideas, pues nos sentimos más cómodos sentando nuestra postura, confirmando nuestras opiniones y sentimientos. En realidad, a muchos no les gusta tanto escuchar como hablar y ser oídos. Es debido a esto que nos concentramos más en intervenir en la conversación que en prestar plena atención a lo que dice el otro. También, y con frecuencia, pasamos las observaciones de los demás por el tamiz de nuestras propias opiniones y necesidades.

Por ejemplo, una esposa dice que está cansada de las tareas domésticas. El marido oye lo que ella dice, pero el mensaje que recibe es interpretado como que la mujer se siente desgraciada porque no tiene la ayuda de que dispone su madre. Esto no es lo que la mujer piensa, pero es lo que el marido oye. Desde que se casaron, a él le ha fastidiado el no poder proporcionarle a su esposa la ayuda que su suegro le proporciona a la suegra. Es fácil constatar cómo el mensaje ha sido falsamente interpretado. Los mensajes «filtrados» o «tamizados» raramente son exactos y se prestan a muchos malentendidos.

Cuando el marido y la mujer reconocen la importancia de escuchar objetivamente, prestándose mutua atención, están tomando grandes medidas para construir poderosas líneas de comunicación.

Notas

1 © Guillermo D. Taylor, La familia auténticamente cristiana, Grand Rapids: Publicaciones Portavoz Evangélico, 1983.

ANÁLISIS DE MIS PAUTAS DE COMUNICACIÓN

Le invito a hacer un análisis profundo y realista de sus pautas de comunicación. Para ello utilizaremos la guía del «Programa de enriquecimiento matrimonial» de EIRENE. Antes de hacerlo, convendría que saque una fotocopia para su cónyuge. Después de hacerlo, puede compartir con su cónyuge los resultados de este análisis a fin de compararlo y fomentar la comunicación.

A continuación encontrará una frase y varias alternativas que completan la oración. Señale las tres (3) que mejor expresen su sentir al respecto.

1. Siento que mi cónyuge me escucha cuando:
   1.1 No me interrumpe innecesariamente.
   1.2 Está de acuerdo con todo lo que digo.
   1.3 Puedo expresarle mis sentimientos.
   1.4 Cambia de parecer y hace lo que le pido.
   1.5 Me hace preguntas que aclaran mis sentimientos.
   1.6 Me permite hacer luego lo que quiero.
   1.7 No se disgusta conmigo mientras hablo.
   1.8

2. Siento que mi cónyuge no me escucha cuando:
   2.1 Me interrumpe continuamente con sus propias opiniones.
   2.2 No quiere cambiar de plano.
   2.3 Me juzga inmediatamente.
   2.4 Me hace preguntas aclaratorias.
   2.5 Se adelanta y me «adivina» lo que voy a decirle.
   2.6 Insiste en mantener sus propias opiniones.

2.7 Se altera, se enfada y se defiende innecesariamente.

2.8

3. Creo que estoy escuchando a mi cónyuge cuando:

   3.1 Acepto lo que él/ella me dice, aunque no esté de acuerdo.

   3.2 No interrumpo para nada.

   3.3 Permito que él/ella exponga sus sentimientos sin temor.

   3.4 Puedo estar de acuerdo con todo lo que él/ella me ha dicho.

   3.5 Puedo repetir lo que él/ella me acaba de decir y él/ella está de acuerdo.

   3.6 Al fin entiende lo que le he venido insistiendo.

   3.7 Le hago preguntas para asegurarme de que le he entendido.

   3.8

4. Creo que no estoy escuchando a mi cónyuge cuando:

   4.1 Me molesto y me irrito inmediatamente.

   4.2 Le pido aclaraciones.

   4.3 Me burlo de él/ella y/o usa la ironía.

   4.4 Me aburro con sus interminables letanías.

   4.5 Me quedo en silencio todo el tiempo.

   4.6 Le expongo también mi sentir y mis opiniones.

   4.7 Le echo en cara sus errores y le juzgo.

   4.8

5. A veces tengo miedo de expresar mis sentimientos a mi cónyuge porque:

   5.1 Temo molestarle.

   5.2 Temo que éll/ella se aproveche de mí.

   5.3 Temo que no me comprenda.

   5.4 Temo que me rechace y/o me abandone.

   5.5 Temo que no me haga caso.

   5.6 Temo que se burle de mis sentimientos.

capítulo 5

INFLUENCIAS DAÑINAS EN EL HOGAR

En este capítulo estudiaremos un interesante tratamiento del tema del machismo y de la hombría cristiana, escrito por el Dr. Guillermo Taylor. Seguramente, será una lectura muy valiosa para que, posteriormente, pueda definir bien la parte del hombre cristiano en el hogar.

En segundo lugar estudiaremos los efectos de la televisión en la formación de ideas y de costumbres. Nos preguntaremos:

¿Cómo influyen los medios masivos, particularmente la televisión, en el pensamiento y la acción de la gente?

¿De qué maneras la televisión muestra la realidad?

¿Cómo funcionan los «mecanismos de desinformación»?

¿A qué apela la publicidad?

¿Qué tipo de «mundo» propone?

¿Cómo desarrollar una mentalidad crítica para ver televisión sin ser atrapado por ella?

En este estudio
1. Distinguiremos entre machismo y auténtica hombría.
2. Advertiremos la importancia del liderazgo del hombre en la familia.
3. Estudiaremos la televisión como medio de comunicación.
4. Buscaremos pautas para verla críticamente

A continuación entraremos en un tema especialmente asignado a los hombres latinoamericanos e hispanos: el machismo. El Dr.

Taylor lo expone de manera muy interesante y atractiva para todo aquel que desea edificar un hogar firme.

PARTE I
MACHISMO, HOMBRÍA, Y EL ESPOSO CRISTIANO

Guillermo D. Taylor

Acosada por fuerzas negativas de todos lados, la familia contemporánea sufre hoy de una parálisis de identidad y función. Esto afecta directamente al papel del hombre cristiano, que desea mostrar al Cristo resucitado a través de su persona y conducta. ¿De dónde vienen los modelos, los ideales que sirven para forjar al esposo cristiano? Ciertamente, los expertos se encuentran sofocados por su propia confusión y en ningún sentido existe un consenso secular. Algunos elementos del movimiento de la liberación femenina han criticado, legítimamente, ciertas actitudes masculinas tocantes a su autoconcepto como hombre, así como su trato y maltrato de la mujer. Pero, ¿seguiremos estas corrientes para orientarnos? La mayoría de los varones en su temprana edad adulta no leen libros para adquirir sus ideales. Los captan de los ejemplos que les rodean y, particularmente, del modelo demostrado por el padre, esté él presente o ausente del hogar.

El problema mayor es la crisis del círculo vicioso. Si la mayoría de los modelos no cumplen con las normas cristianas, entonces las generaciones venideras seguirán con los modelos conocidos. Lo que se necesita con urgencia es el rompimiento del ciclo negativo. Y sólo la ética cristiana sirve para neutralizarlo. En mis conversaciones con muchos jóvenes próximos a casarse, encuentro incertidumbre en lo que se refiere al papel del futuro esposo. No desean ser encarnaciones del machismo, ni quieren ser varones pusilánimes. Algunos esposos temen que si se mojan las manos lavando los platos, o si alguien los encuentra fregando el piso, perderán su masculinidad. ¡Y peor si tuvieran que cambiar los pañales de su hija!

La belleza de la enseñanza bíblica tocante al hombre y su función dentro del hogar es su aplicabilidad a toda cultura.

Las normas son relativamente pocas, pero ¡qué normas! Creo que al retornar a examinar la Biblia, aun con nuestras perspectivas culturales y personales, encontraremos patrones que no sólo obedecen las Escrituras sino que también funcionan hoy día.

Pero quiero que sepáis que Cristo es la cabeza de todo varón, y el varón es cabeza de la mujer, y Dios la cabeza de Cristo.
—1 Corintios 11.3

Un gran porcentaje de los problemas hogareños surgen a raíz de la falta de funcionamiento cristiano del esposo. O no supo o no quiso tomar el liderazgo sensible, o como resultado de cierta crisis perdió su liderazgo de golpe; o tal vez por falta de iniciativa y cuidado, poco a poco entregó toda la dirección a la esposa y/o hijos. Pero, ¿qué dice la Biblia con respecto al esposo?

El estudio de dos pasajes clave, Efesios 5.21-33 y 1 Pedro 3.7, revela los principios aplicables a nuestro hogar.

Primer principio:
EL ESPOSO CRISTIANO OFRECE LIDERAZGO PARA EL HOGAR

¡Parece sencillo, pero su realidad es tan complicada! Además, a muchos esposos les encanta afirmar que ellos son los líderes máximos del hogar, casi como si fueran microdictadores o por lo menos caudillitos. Hay esposos que tienen como su versículo bíblico favorito: «Las casadas estén sujetas a sus propios maridos... porque el marido es cabeza de la mujer» (Ef 5 .22, 23). Retumba el silencio por no leer también cómo se compara Cristo y su iglesia a la relación entre esposo y esposa.

Pablo afirma que el hogar necesita de un gobierno interno, y por orden de creación y establecimiento divino, el esposo ha de tomar el lugar primero para ofrecer un liderazgo global para el hogar. Pero esta relación de cabeza refleja la relación de Cristo y Su Iglesia. Es una cabeza que se sacrifica hasta la muerte. Tal enseñanza coloca el cuadro de la sumisión de la mujer en un marco equilibrado. No hay lugar para el maltrato y el menosprecio del esposo hacia la esposa.

El término «cabeza» en el griego del Nuevo Testamento se aplica varias veces a Cristo. Aquí menciono cuatro pasajes clave:

Efesios 4.15-16
Colosenses 1.17-18
Colosenses 2.8-19
Efesios 1.21-22

Aquí Cristo es la cabeza, pero es una cabeza que ama, sirve, unifica, nutre, comparte. La idea no es de una actitud autoritaria en que se abusa del poder. Ser cabeza implica honor y responsabilidad. Al aplicar este concepto al matrimonio encontramos un liderazgo muy especial, pero lograble a la vez.

Segundo principio:
EL ESPOSO TIENE LA RESPONSABILIDAD DE AMAR A SU ESPOSA

Pablo trata el tema de la relación sumisión/cabeza en sólo tres versículos, pero le dedica seis al amor proveniente del esposo para su esposa. Este segundo principio equilibra nuevamente concepto de ser cabeza del hogar. En lenguaje clarísimo Pablo afirma: «Maridos, amad a vuestras mujeres» y «así también los maridos deben amar a sus mujeres» y, finalmente, «por lo demás, cada uno de vosotros ame también a su mujer». Curiosamente, en ningún pasaje bíblico aparece el mandato de amar al esposo, dirigido a la esposa. Sólo en Tito 2.4 Pablo dice que las señoras mayores de edad deben enseñar a las esposas jóvenes a amar a sus maridos y a sus hijos. Pero Pablo sí tiene que recalcar al esposo que él debe amar, y con el imperativo, «amad». No hay alternativa. La forma del imperativo tiene dos énfasis: el primero dando la idea de «comenzad a amar», y el segundo, «continuad amando». ¡Nadie se puede escapar!

El amor del cual Pablo habla aquí es el ágape, amor de sacrificio, que da sin esperar nada a cambio. Es amar sin requisitos, sin demandas. Pero lo bello es que el que ama así será recompensado más allá de su propio amor. Tales son los misterios del matrimonio bañado en amor. Pablo explica que este amor es similar al amor de Cristo a su Iglesia. Noten los términos descriptivos del amor de Cristo, y apliquenlos a su matrimonio: Cristo se «entregó a sí mismo por ella», «para santificarla», «habiéndola purificado», «a fin de presentársela a sí mismo gloriosa», «sin mancha ni arruga», «santa». ¡Qué fabuloso, y casi demasiado alto para alcanzar en esta tierra! Pero el punto paulino aquí es que ningún esposo debe sentir que amar es cosa sencilla, breve y rápida. Es algo para toda la vida.

Indiscutiblemente, el liderazgo de Cristo y Su amor tienen aplicaciones espirituales dentro del hogar mismo. Creo firmemente que todo esposo debe ofrecer liderazgo espiritual en el hogar, demostrando no sólo una íntegra vida cristiana, sino dirigiendo también el desarrollo espiritual del hogar. Esto se demuestra a través de la oración familiar, las conversaciones acerca de temas espirituales, el estímulo a la lectura de la Biblia y el fortalecimiento en la vida cristiana familiar. También esto es tarea del esposo.

El segundo comparativo del amor es «como a sus mismos cuerpos». ¡Qué interesante! Creo que yo nunca hubiera utilizado esta analogía, pero cuanto más la medito, más aplicable la veo. Todo hombre se cuida a sí mismo, aunque no tenga la figura de la musculatura de un «Mister Universo». Si nos alimentamos, nos protegemos de los elementos, nos cuidamos al cruzar las calles, en fin, nos amamos a nosotros mismos. Pablo usa dos términos en Efesios 5.29 para calificar este amor. El primero es «sustentar», y en griego tiene la idea de proveer todo lo necesario para un buen desarrollo físico, material y normal. El segundo, «cuidar», tiene otra idea, la de calentar con el calor físico. El enfoque está en la dimensión romántica dentro del matrimonio. Cuántos maridos cristianos hay que hace años no les dicen a sus esposas que las aman. A propósito, usted que lee este libro, ¿cuándo le dijo a su esposa con palabras dulces, significativas y románticas: «Te quiero profundamente»?

Y para que no se nos olvide, al concluir esta sección de su carta, Pablo nos recuerda en el versículo 33: *«Por lo demás, cada uno de vosotros ame también a su mujer como a sí mismo.»*

Un problema aquí es que tendemos a dejar este amor en las nubes, sin tocar tierra matrimonial. Más adelante voy a sugerir algunas ideas prácticas para ayudar a la comunicación entre esposos a nivel global y sexual. Permítanme ahora recomendarles lo siguiente. Primero, exprese su cariño a través de hechos pequeños, pero cargados de significado. Por ejemplo, al ver a su esposa muy cansada, ¿por qué no ayudarla en algunas tareas que tal vez se consideren «cosas de mujeres»? Pruébelo. Segundo, exprese su amor en actos tangibles. Por ejemplo, trayéndole una rosa u otra flor favorita. No tiene que ser un ramo enorme. Sea sencillo y real. Tercero, sin necesidad de un gran tiempo prolongado para el amor, dele un pequeño «toquecito» de amor, o un pequeño abrazo. Cuarto, nunca olvide que las palabras dicen «mundos». En formas variadas, y manteniendo la frescura del caso, asegúrele a su esposa que usted la aprecia, la quiere, la necesita, la respeta, la escucha, la ama.

Tercer principio:
EL ESPOSO CRISTIANO VIVE SABIAMENTE CON SU ESPOSA

Tenemos que buscar en 1 Pedro 3.7 para encontrar el texto clave: Vosotros, maridos, igualmente, vivid con ellas sabiamente, dando honor a la mujer como a vaso más frágil, y como a coherederas de la gracia de la vida, para que vuestras oraciones no tengan estorbo.

Pedro, hombre casado, hablaba de su experiencia bajo inspiración divina. Habiendo dedicado la primera parte del capítulo a las esposas, ahora en escuetas pero directas palabras, se dirige a los esposos. La idea de «vivir sabiamente» viene de un vocablo griego que significa «formar un hogar conforme al entendimiento y comprensión». Pedro reconoce que un gran error de parte del esposo es no entender a su esposa. Llevo quince años de matrimonio con mi esposa, y si le añado los cuatro previos de noviazgo, me estoy acercando a las dos décadas de conocerla. Ahora, sí, estoy entendiendo algunos de sus aspectos más profundos. Cuanto más vivo con ella, y más conozco a sus padres, más la entiendo. Todos somos el producto de un tremendo conglomerado de caracteres psicológicos, intelectuales y físicos, provenientes tanto de nuestra estructura genética como de nuestro medio ambiente. Y es dentro del matrimonio, que ha de ser para siempre, que un hombre y una mujer comienzan a entenderse, apreciarse y amarse, «viviendo sabiamente». Esposos, los reto a sentarse para tratar de entender por qué sus esposas hacen ciertas cosas como las hacen. Tenemos que entender su personalidad, teniendo en cuenta que ella es una mujer, persona creada a la imagen de Dios, que ella es un individuo singular y precioso, y que trae todo su pasado al hogar.

Pedro nos insta a rendir honor a nuestras esposas. La idea de honor aquí es la de «calcular el precio», o de «valorar». ¿Por cuánto vendería usted a su esposa? ¡Ridículo! Pero debemos valorarla, reconociendo también que es un vaso más frágil. Esta expresión no significa que la mujer es débil o inferior. En ningún sentido. Pero la mujer, en su estructura física, generalmente, no tiene la fuerza del hombre. El hombre, muchas veces, es más brusco y la mujer más sensible. La fragilidad se refiere a una preciosidad personal y emocional. También les damos honor porque ellas son coherederas de la gracia de la vida. En Cristo ya no hay hombre ni mujer, y no hay ningún lugar para que el hombre se considere espiritualmente superior a su esposa. En verdad, reconozco que mi esposa tiene una percepción singular de las cosas de Dios, y muchas veces ella tiene razón y el mejor pensamiento y la mejor conclusión con referencia a un tema bíblico o general. Su sabiduría es práctica y bien razonada.

Concluye el apóstol advirtiendo que si no vivimos sabiamente, nuestra vida espiritual puede tener estorbos. Creo que todo marido reconoce que si no está en comunión con su esposa, difícilmente lo estará con el Señor. Hace un tiempo estuve conversando con una pareja que tenía serios problemas en su hogar. Estaban a punto de separarse, pero lo curioso es que cada uno decía (aparte) que entre él, o ella, y el Señor todo marchaba estupendamente bien. No lo creí, ni aun lo creo hoy. A través de la orientación matrimonial los dos llegaron a reconocer que se estaban autoengañando. Si deseamos una comunión con Dios, y los dos somos cristianos, tenemos que estar en comunión los unos con los otros. Lea 1 Juan 1.6,7 a la luz del hogar y aprenda unas nuevas y preciosas lecciones:

Si decimos que tenemos comunión con Él, y andamos en tinieblas, mentimos, y no practicamos la verdad; pero si andamos en luz, como Él está en luz, tenemos comunión unos con otros y la sangre de Jesucristo nos limpia de todo pecado.

PARTE II
TELEVISIÓN: ¿ENTRETENIMIENTO O MASIFICACIÓN?

Alberto F. Roldán

Los medios masivos de comunicación —la radio, la televisión, los diarios, las revistas, el cine— son instrumentos cuyas funciones principales son: informar, educar, animar, y distraer. Como cristianos, resulta muy importante que conozcamos las formas sutiles en las que los medios operan en las personas, influyendo en su manera de pensar y de actuar. También es fundamental que sepamos cómo interpretar críticamente las ideologías y valores (a menudo son antivalores) que nos ofrecen.

El modelo de familia que promueve la televisión. En un análisis sociológico sobre el tema, el escritor argentino Julio Mafud sintetiza el tipo de familia que promueve la televisión. Se trata de una familia reducida, nuclear, con un padre absorbido por su trabajo fuera del hogar. A veces, como hemos explicado, la situación socioeconómica de nuestros países obliga al padre a tomar dos o tres trabajos, lo que agrava la situación. El «dulce hogar» se ha tornado en «la carga del hogar».[2]

Así las cosas, los niños se tornan en «succionadores» de los medios que saturan sus mentes ofreciéndoles un amplio panorama de opciones para pedir y nunca estar satisfechos. Perdido el control de los hijos, el padre ya no es el que orienta sus gustos ni el que da pautas a sus vidas. Hasta la línea que divide lo permitido de lo prohibido se torna casi imperceptible.

Valores que promueve la televisión. La televisión, como otros medios de comunicación, conlleva un doble efecto. Uno, al que se puede denominar «denotativo», tiene que ver con lo objetivo y explícito, es decir, lo que concretamente ofrece un mensaje determinado. Pero hay otro al que se puede llamar «connotativo» que contiene un mensaje implícito que añade o sugiere significados que apuntan a otras ideas y sentimientos.

Es importante que conozcamos ejemplos concretos de los valores —mejor dicho, antivalores— que nos dan los medios, particularmente la televisión. He aquí algunos:

a) Desintegración familiar. En una serie dramática de la televisión argentina de hace algunos años, ninguno de los tres personajes centrales tenía una familia estable e integrada. Uno de ellos se la pasaba «probando» de pareja en pareja. Otro, aparentemente, era divorciado. El tercero vivía en la incertidumbre en ese terreno. El contexto social y familiar que esos hombres representaban daba como una «realidad incambiable» el hecho de que es posible ser persona actualizada, de éxito y de importancia, sin que ello implique, necesariamente, estar al frente de una familia. Precisamente, Graciela Peyrú sostiene a este respecto que en la televisión «los besos y las caricias, cuando se incluyen, forman sólo parte de la duple seducción/violencia o son expansiones mínimas de vínculos fugaces».[3] Es decir, la familia como núcleo está ausente. Otro ejemplo específico lo ofreció la televisión española. La protagonista era una mujer de unos 40 años, atrayente, pero que acababa de separarse de su marido. Vuelve a casa, les cuenta a sus hijos adolescentes lo que había ocurrido, y... ¡adivinen lo que pasó! Pues que los hijos no tienen mejor reacción que felicitar a su madre e invitarla a celebrarlo juntos. La única persona que cuestiona el hecho es la madre de la mujer. Claro que la serie tiene el cuidado de «pintarla» como una mujer grotesca, atrasada, de poca cultura. La idea es clara: sólo personas así pueden oponerse a lo sucedido. ¡Pobre gente! No está actualizada.

b) Sexo libre. El lector tendrá pocas dificultades en ver en series y novelas —nacionales y extranjeras— cómo directa o indirectamente se aprueban relaciones premaritales, adulterio, homosexuali-dad. A propósito de esto último, recuerdo el caso de otra serie argen-tina, en la cual su personaje central era un homosexual. Las escenas mostraban cómo el muchacho no encontraba solución alguna ni en la psiquiatría, ni en la psicología, ni en la religión. Finalmente, todo termina con una carta que le envía su hermana donde le dice más o menos así: «Querido, la decisión es tuya. Es lo único que cuenta. Hacé lo que vos quieras. Nadie puede ni debe meterse en tu vida. La opción es tuya y si es bueno para vos, entonces es bueno». Conclusión que queda en la mente del televidente promedio: «Está bien lo que me hace sentir feliz. No hay absolutos. La homosexualidad es una opción más que no es ni mejor ni peor que la heterosexualidad.»

El poder de la publicidad. La publicidad se define como «una técnica de difusión masiva, a través de la cual una industria o empresa comercial lanza un mensaje a un determinado grupo social de consumidores con el propósito de incitarlos a comprar un producto o usufructuar un servicio».[4] Las coordenadas bajo las que se estructura la publicidad son básicamente dos: el PROGRESO y el PLACER. El poder de la publicidad es de tal magnitud que hoy ya no importa tanto si un producto es bueno o es malo. La publicidad se encargará de hacerle creer a la gente que es «caro... pero el mejor»; aunque a la postre el consumidor llegue a la triste realidad de que en efecto era «caro... ¡pero el peor!»

La publicidad apela a «estímulos subliminales», es decir, fuerzas sensoriales a nivel inconsciente. El estímulo subliminal es como una «memoria dormida» que cuando despierta hace actuar al individuo. Muchos aspectos de la realidad que no vemos a nivel consciente los advertimos subliminalmente y se va almacenando en nuestro inconsciente. Lo importante en la publicidad no está sólo en lo que explícitamente dice un anuncio. Muchas veces está en lo que el mensaje implica en términos de «felicidad», «realización humana», «progreso», «conquista», etc.

Clave hermenéutica. Como todo mensaje, la publicidad requiere una adecuada hermenéutica (interpretación). En este sentido, hay una clave que resulta de sumo valor práctico a los fines de interpretarla. Básicamente, toda publicidad sigue el siguiente esquema:

Lo grave del caso es que se trata de «soluciones falsas a problemas reales». En efecto, la publicidad le hace creer a la gente que comprando tal o cual producto será próspera, tendrá dominio sobre otros, será una persona dinámica, emprendedora, viril, con prestigio, etc. La caricatura que ofrecemos a continuación es un claro exponente de lo que decimos:

Algunos slogans publicitarios que apelan a la felicidad, el éxito, la fama, son estos:

«Siempre habrá tiempos felices. Cuente con cigarrillo...» Interpretación: El fumar ese cigarrillo es lo que hace posible la felicidad.

«En guardia! Juvenil, peligrosa, ¡dispuesta a la vida!... el amor que espera. Loción y extracto...» El texto está acompañado, claro por la imagen de una mujer rubia, «juvenil y peligrosa».

«automóvil... ¡la gran tentación!» La imagen esta vez es diferente. Sí, ¡se trata de una mujer morocha! Mirada atractiva, labios carnosos y a punto de morder una manzana.

Muchas veces las imágenes son simbólicas y apelan, generalmente, a la sexualidad. Así aparecen como «telón de fondo» objetos que simbolizan órganos sexuales. Y uno dice: «Pero no me di cuenta de eso. Por lo tanto no me tiene que afectar». Craso error. Como se sostiene en una obra ya citada:

«El descubrimiento fundamental fue este: los motivos que impelen a un individuo a comprar o no comprar una cosa son diez por ciento a nivel consciente y noventa por ciento a nivel subconsciente o inconsciente.»[5]

El niño y la televisión. Los niños son los que pasan más tiempo frente al televisor. Como sostiene un especialista en comunicaciones, el Profesor Miguel A. Pérez Gaudio (con el que tomamos un curso sobre el tema), la familia

«le ha abierto a la televisión de par en par las puertas de su intimidad hasta el punto de que estos medios llegan a imponer sus horarios, modifican los hábitos, alimentan ampliamente conversaciones y discusiones y, sobre todo, afectan —a veces profundamente—la psicología de los usuarios en los aspectos tanto afectivos e intelectuales como religiosos y morales».[6]

Se considera que son «televidentes livianos» los que pasan menos de cuatro horas por día viendo televisión. Los «pesados» son los que la ven más de cuatro horas por día. Encargamos a Claudia, una maestra que es miembro de nuestra iglesia, la realización de una pequeña encuesta en un séptimo grado de primaria (niños de 11 a 13 años). Con mis hijos analizamos la encuesta, que arrojó el siguiente resultado:

Total de alumnos: 45

Tienen TV cable: 27

Horas que ven TV diariamente: promedio de 4 horas y media. Los que menos ven llegan a 2,5 horas por día. Los que más, llegan a 7,5 horas por día.

PROGRAMAS FAVORITOS:

Dibujos animados:	31 de los 45 alumnos
Comedias:	19
Novelas:	14
Acción:	7
Películas:	6
Drama:	5
Musicales:	4
Noticias:	3
Humor:	3
Entretenimientos:	3

¿Cómo incide el exceso de televisión en la conducta de los niños? En primer lugar, en cuanto a rendimiento escolar, en una prueba que se hizo en 1984 por el programa Evaluación Nacional del Progreso en Educación (en los E.U.A.),

«Los niños de 9 años que miraban seis horas o más de televisión por día se desempeñaban escolarmente mucho peor que aquellos que miraban menos horas. Pero había poca diferencia entre los que miraban menos de dos horas de TV diarias y los que lo hacían de 3 a 5. Entre los jóvenes de 13 a 17 años interrogados, los niveles de lectura ascendían a medida que mermaban las horas frente al televisor».[7]

En segundo lugar está el tema de la violencia. En Buenos Aires, por ejemplo, se ha llegado a establecer que si se enciende el televisor de lunes a viernes, uno tiene la posibilidad de ver más de 7 escenas de violencia por hora. Pero ese riesgo sube a más de 17 los fines de semana. En una encuesta realizada en una escuela de esa ciudad, se halló que había un comportamiento disímil entre dos grupos de niños. El grupo que había contemplado programas violentos dejaba a los más pequeños cuando se trenzaban en peleas. Los que no habían estado expuestos a ese tipo de programas intervenían para separar a los que se estaban peleando. Las conclusiones son las siguientes:

«Se ha comprobado reiteradamente que los niños acostumbrados a ver programas violentos como televidentes «pesados» muestran menos índices corporales de alteración emocional frente a la agresión que los menos habituados («livianos»). Esta «desestabilización» va acompañada de un aumento directo de las fantasías y conductas agresivas.»[8]

Mecanismos de desinformación. Prácticamente no nos queda espacio para abordar esta cuestión. Hasta resulta irónico hablar de «desinformación» porque quienes la preparan lo hacen —dicen— con el objeto de «informar a la opinión pública». Entre los muchos mecanismos existen los siguientes: Colocar un título y luego no referirse a ese tema en el contenido. Modificar el texto ligeramente, de modo que el lector, oyente o televidente, no capte el cambio efectuado. Otras formas, por supuesto, tienen que ver con lo que alguien ha llamado «arbitrario recorte» de lo que se dice que es «la realidad». Aparece un noticiero televisado y lo que abunda son robos, asesinatos, accidentes, y otras imágenes semejantes. Uno se pregunta: ¿Será esa toda la realidad? Finalmente, otro mecanismo de desinformación consiste en omitir referencias o imágenes que no conviene mostrar, como sucede a veces durante las guerras. No se reportan bajas ni muertes de civiles. ¡Como si los bombardeos sólo provocaran el derrumbe de edificios!

Hacia una mentalidad crítica. Jesucristo nos manda ser no sólo sencillos como palomas, sino también prudentes como serpientes (Mt 10.16). En este sentido, debemos estar al tanto de la escala de valores subyacentes que nos ofrece la televisión y demás medios masivos. Extraemos algunos datos que surgen de la investigación del Prof. Pérez Gaudio[9] realizada con 100.000 estudiantes:

Asimilación de los contenidos televisivos.

Recepción televisiva en soledad, sin consejo ni auxilios serios por parte de los adultos.

Ligereza para imitar e identificarse con los personajes propuestos en las programaciones televisivas.

Agresividad por imitación.

Alteración de valores personales, familiares, sociales y religiosos.

Desjerarquización de la autoridad familiar y docente.

Consumismo material excesivo.

¿Cómo desarrollar una mentalidad crítica que nos permita ver televisión sin ser absorbidos por la misma, ni ser receptores pasivos de sus mensajes? Me permito sugerir los siguientes pasos:

a) ¿Cuántas horas de televisión ven nuestros hijos?

b) ¿Cuáles son sus programas favoritos?

c) ¿Coincide la filosofía de vida y la escala de valores de esos programas con el Evangelio de Jesucristo? ¿En qué aspectos se oponen?

d) ¿Es aceptable el tipo de sociedad que nos proponen?

e) ¿Qué puntos de vista jamás toman en cuenta?

Estas son sólo preguntas de orientación. El lector podrá, seguramente, agregar muchas más. Para terminar, acaso nos resulte útil recordar lo que San Pablo nos dice: «Todas las cosas me son lícitas, mas no todas convienen; todas las cosas me son lícitas, mas yo no me dejaré dominar de ninguna» (1 Co 10.12). Podemos hacer uso de la televisión. Otra cosa, muy distinta, es que la televisión termine usándonos a nosotros. Si logramos revestirnos de una mentalidad crítica, entonces podrá ser de cierta utilidad en términos de entretenimiento y aun cultura. De lo contrario, terminará siendo un instrumento de masificación de nuestra familia.

Notas

1 Graciela Peyrú, «El mundo de la televisión. Salpicón de besos y balas.» Diario Página 12, buenos Aires, 25 de abril de 1991.

2 Julio Mafud, *Los argentinos y el status*, Ed. Distal, Buenos Aires, 1985.

3 Art. Citado.

4 Victorio Zechetto, Homar Estrañy y Rafel Mañas, *Para comprender la publicidad*, Ed. Don Bosco, Buenos Aries, 1987, p. 7.

5 Ibid., p. 11.

6 Miguel Argentino Pérez Gaudio, *El maestro y el niño frente a la televisión*, Periodismo Idea Educativa, Córdoba, p. 18.

7 «La TV y el rendimiento escolar», Diario La Nueva Providencia, Bahía Blanca, 26 de diciembre de 1988.

8 Graciela Peyrú, art. citado.

9 Op. cit., p. 26.

capítulo 6
LA DISCIPLINA EN EL HOGAR

Guillermo D. Taylor

Todo lo que tenga que ver con la disciplina de los hijos está rodeado de problemas de diversa índole. Estudiaremos algunos de los problemas más frecuentes. Uno de ellos se relaciona con la aplicación de los principios bíblicos. La Biblia no es un manual específico sobre cómo debemos corregir a nuestros hijos en cada situación concreta. Más bien establece una serie de pautas o principios que luego, con la sabiduría del Señor, tendremos que ir aplicando cuando la situación lo requiera.

Primero veremos lo que el Dr. Taylor nos relata sobre el tema. Entonces notaremos en un segundo artículo las influencias negativas de la disciplina, por Alberto Roldán. Terminaremos este capítulo con un análisis de cómo son los niños en sus etapas de crecimiento, escrito también por el Dr. Roldán.

En este estudio
1. Conoceremos los principios básicos de la disciplina en el hogar.
2. Observaremos la importancia y límites de los castigos.
3. Sentiremos la necesidad de involucrar a la familia en las decisiones.
4. Conoceremos las influencias negativas en la disciplina de los hijos.
5. Advertiremos cuáles son las bases bíblicas para corregir a los hijos.

PARTE I

¿Cómo podemos aplicar la enseñanza bíblica a la disciplina de nuestros hijos? ¡La Biblia dice tanto, pero hay tanto que no dice! Aquí va una serie de sugerencias que arrojan luz sobre la gloriosa y ardua tarea de formar a nuestros hijos.

Primer principio:
ESTABLEZCA Y MANTENGA REGLAMENTOS CLAROS Y REALISTAS

Los reglamentos proveen seguridad a los niños. Estos necesitan reglas claras, fáciles de entender y razonables. Decidan como padres cuáles serán las reglas de su hogar y comuníquenlas claramente a sus hijos, repitiéndoselas hasta que las entiendan. Por ejemplo, en nuestro hogar, un lugar en donde no se juega es la sala. Costó comunicar la idea, y tuvimos que repetirla varias veces, aplicando disciplina y castigo en la desobediencia. Pero enfatizamos que había otros lugares donde jugar, y allí podían estar con toda libertad.

A medida que van creciendo los hijos, las reglas tienen que adaptarse. Antes era no tocar un alambre de corriente eléctrica, pero ahora ya saben cómo usarlo. Ustedes como padres tienen que trabajar juntos para establecer las reglas del juego familiar. No será fácil al principio, pero es una labor imprescindible que a la larga producirá hijos equilibrados, acostumbrados a trabajar dentro de las reglas del hogar y de la sociedad, y más obedientes a las reglas del Señor y su Palabra.

Segundo principio:
ELOGIE, ESTIMULE Y RECOMPENSE A SUS HIJOS POR SU BUENA CONDUCTA

Para muchos padres es más fácil regañar a sus hijos y recordarles en qué han fallado, que animarles con palabras de elogio. Todos necesitamos que nos feliciten, que nos alienten por medio de palabras honestas y directas. No estamos hablando de mentira, ni lisonja, sino de halagos en su sentido positivo. Podemos animar a nuestros hijos a seguir las reglas cuando reconocemos su buena conducta. Nadie nace naturalmente con un sano sentido de autoaceptación. Los hijos dependen de nosotros, especialmente en sus primeros años, en cuanto a su autoimagen. Si sólo les decimos que son desobedientes, traviesos, y aun malcriados, llegarán a creer que sólo son eso. Recuerden que el vocablo «malcriado» tiene más que ver con los padres que con los hijos. Si les damos confianza en su valor, responderán positivamente.

Tengan cuidado de no basar su elogio, felicitación o regaño, en cosas que ellos no pueden controlar como, por ejemplo, su belleza o su inteligencia. Estas son cualidades sobre las cuales no tienen ningún poder. Ellos pueden controlar su propia conducta y sus actitudes. Debemos alabarles y apoyarles en estas áreas. En cuanto a sus estudios, lo más importante no es que saquen las mejores calificaciones del grado, sino que trabajen al máximo de sus capacidades.

Tercer principio:
EXIJA EL CUMPLIMIENTO DE LAS REGLAS EN FORMA JUSTA Y CONSECUENTE

Uno de los errores más grandes de los padres es la falta de coherencia en su disciplina y educación de los hijos. Un día exigen algo, pero al otro día no lo exigen. Esta variabilidad produce inseguridad y exasperación en los hijos. El problema no está en la disciplina en sí, sino en la aplicación. Ellos quieren y necesitan reglas firmes y límites seguros. Cuando establecemos las reglas, entonces nos toca a nosotros asegurar que ellos las cumplan.

Lo precioso es que los niños aprendan a obedecer porque creen en sus padres. Ellos están seguros y contentos en su corazón porque entienden las reglas y la forma de corrección. No son víctimas de la variabilidad ni de la ira.

Es muy importante tratar el problema de la desobediencia lo más pronto posible. No caiga en el hábito de decir siempre: «¡Ahora vas a ver lo que dice papá cuando venga esta noche!» Esto no es justo para ellos ni para papá. Si dejan pasar demasiado tiempo entre la desobediencia y la disciplina, varias cosas pueden pasar. Es suficiente tiempo para que el niño comience a justificarse en su propia mente, y se convenza de que él es inocente y de que sus padres son malos por disciplinarlo injustamente. Los niños olvidan los detalles de lo sucedido y más tarde no lo recuerdan. La disciplina inmediata busca que el niño aprenda de esta experiencia, pero si se posterga mucho la disciplina le producirá ansiedad e inseguridad y esto le puede afectar seriamente. El hijo que merece disciplina la debe obtener en el momento de la desobediencia. Así aprende

> *Los niños tienen más necesidad de modelos que de críticos.*
> —*Joubert*

de que la rebelión produce castigo —principio en la vida real fuera del hogar—que se satisface en el hecho de que en la justicia hay perdón y reconciliación.

Cuarto principio:
ESCOJA CORRECTAMENTE EL MÉTODO DE DISCIPLINA QUE UTILIZARÁ

Los padres pueden fomentar odio, miedo, inseguridad, y aun rebelión, en el corazón de sus hijos por no corregirlos, por corregirlos excesivamente, o por corregirlos simplemente. La meta de la disciplina es que produzca obediencia, respeto y responsabilidad en el hijo. ¿Cuáles son los métodos de disciplina?

El primero es la amenaza del aislamiento: «¡Vete a tu cuarto, no quiero estar ya más contigo!» Este método debe evitarse porque fomenta el alejamiento entre padres e hijos y estos lo interpretan como un rechazo, lo cual les duele o enoja.

El segundo es el de avergonzarlos en público, humillándoles ante amigos o desconocidos. Las humillaciones contribuyen a la ira y al desaliento en los hijos.

El tercer método de corregir a los hijos es el de burlarse de ellos o ridiculizarlos. No sólo es ineficaz, sino que es peligroso por los resultados que se obtienen: ira y exasperación.

Una cuarta manera negativa de disciplinar es apelar a la pérdida del amor de Dios. «Dios no quiere a niños malcriados como tú». Es una amenaza terrible para el niño. Los hijos tienen el derecho de saber que el amor de Dios es constante.

Una quinta manera ineficaz de disciplinar, es por medio de los gritos y las amenazas mentirosas. «¡Si no te portas bien te voy a cortar la cabeza!», o «¡La policía te va a meter en la cárcel!», o «¡Un monstruo te va a agarrar!», o «¡Le voy a decir al doctor que te ponga una inyección!»

La pérdida de privilegios es un sexto método. Utilizado con sabiduría puede lograr bastante. «Por desobedecer, hoy no puedes ver televisión»; o «No tienes derecho a salir con tus amigos esta semana por lo que hiciste»; o «No podrás salir a patinar este fin de semana con tu compañero». Con este método podemos hacerles entender que hay consecuencias por su desobediencia y que hay que pagar un precio por la rebelión o la irresponsabilidad. El problema viene cuando la disciplina no concuerda con el delito.

Un séptimo método es el uso de la vara como instrumento de corrección. La clave está en su uso correcto. En primer lugar, debe ser una varita no muy gruesa que cause dolor en su aplicación. Nunca debe utilizar un alambre como vara. Mejor una varita de madera. Además, debe ser utilizada después de una advertencia de corrección y no cuando usted esté enojado. Enséñeles que la vara es instrumento de corrección, es algo objetivo y sin vida. Usted quiere que sus manos sean objetos vivos de amor y bendición, pero la vara es para justicia. Aplique la vara para que cause dolor «equilibrado».

Quinto principio:
EXPRESE SU AMOR Y ACEPTACIÓN, LUEGO LA CORRECCIÓN

No permita que el enojo y el disgusto mantengan la relación rota entre padre e hijo. Al aplicarse la corrección adecuada por un acto de desobediencia, el hijo ya ha pagado por su culpa. Enséñele que usted lo ha perdonado y lo ama. El castigo y la vara los liberan a ambos para recobrar su relación y comunión como padre e hijo. Demuestre su amor con un abrazo, un beso o alguna caricia adecuada y clara. Demuestre su amor con palabras.

Sexto principio:
EXPRESE SU AMOR, AFECTO Y CARIÑO CON REGULARIDAD

Nunca olvide que los niños necesitan amor y afecto, comprensión y aceptación. Usted, como padre, puede llenar estas necesidades fundamentales de muchas maneras. Pero, ¿cómo hacerlo?

En primer lugar, mantenga un contacto visual directo con sus hijos. La mirada fija del padre en los ojos del hijo es importantísima.

En segundo lugar, ofrezca el contacto físico a sus hijos.

El toque de amor, aceptación y aprecio da a los hijos un sentido de seguridad. Esto incluye toda clase de caricias, como abrazos, besos, toques en la mano o el hombro. Esto, combinado con el contacto visual, produce un niño con necesidades emocionales satisfechas.

En tercer lugar, comunique su amor verbalmente. Exprese este amor con palabras específicas y frecuentes. Establezca una relación abierta de comunicación con sus hijos, compartiendo con ellos, y desarrollando una comprensión mutua.

En cuarto lugar, ofrezca atención enfocada en sus hijos. Aquí estoy hablando de ratos cuando les prestarnos a nuestros hijos, uno por uno, toda nuestra atención e interés.

Séptimo principio:
AL CRECER LOS NIÑOS, INVOLÚCRELOS EN LAS DECISIONES FAMILIARES

Durante el proceso por el cual pasan los hijos desde la infancia hasta cuando sálen del hogar, los padres tienen que tenerles en cuenta en las decisiones familiares. En los años de la primera infancia y niñez, nosotros, como padres, tomamos casi todas las decisiones familiares. Pero llega el tiempo en que ellos, como hijos, tienen algo que decir, particularmente si la decisión les afecta de manera directa. Este diálogo comienza, probablemente, durante los estudios de primaria, cuando los hijos pueden razonar mejor. Hay dimensiones que ellos pueden comentar y sus opiniones son importantes. Esto no significa que los padres pierdan su autoridad. Ellos mantienen el derecho y la responsabilidad de la decisión final.

Y ¿QUÉ DE LA RECREACIÓN?

GOCÉMONOS EN LA RECREACIÓN FAMILIAR

Guillermo D. Taylor

Por otra parte, los padres deben crear una atmósfera de felicidad en el hogar. No todo debe ser negativo, reglas ni castigos. Permítanme añadir unas palabras sobre la recreación en la familia. Comencemos reflexionando en el tiempo que nosotros como padres disfrutamos con nuestros hijos. ¿Qué de ese tiempo libre?

Tiempo libre es aquél que no se ha apartado para trabajar o hacer algo obligatorio. En el tiempo libre y la recreación nosotros escogemos lo que queremos hacer.

Ahora bien, ¿cuántas horas de tiempo libre tiene usted? Saque el cálculo de horas que dedica a las siguientes categorías:

Trabajo

Aseo personal

Durmiendo

Comida

Desplazamiento

Asuntos personales o familiares

Estudio

Iglesia

Otras

Ahora haga la suma y réstela de las 168 horas de la semana. ¿Le sobraron algunas horas? Ese es su tiempo libre. Y, ¿qué hace con ese tiempo? Si no le quedó tiempo libre, entonces ya es hora de que evalúe bien su horario y comience a ver cómo separa tiempo para su familia.

Actividades del tiempo libre y la recreación

Hay muchísimas cosas que podríamos incluir en nuestra recreación; las mencionaré más adelante. También hay un mal uso del tiempo libre: alcoholismo, drogas, peleas, ociosidad, juegos de azar, exceso de televisión y otras actividades, pecados, vicios, y todo lo que esté en conflicto con las actividades principales de la Iglesia.

El cristiano sabe que tiene que medir bien sus actividades de tiempo libre para ser un buen mayordomo de todo su tiempo. La recreación es para todos; no sólo para los niños y jóvenes, sino también para los adultos y ancianos, en fin, para toda la familia. Es para toda persona que necesita refrescarse y que se goza en estas ocasiones.

Los valores de la recreación son muchos. Deja las tensiones y las frustraciones del trabajo y la «vida normal.» Hace experimentar relajamiento y descarga de la presión.

El hombre no puede laborar sin descanso. Tiene que haber alguna forma de diversión.
—O. Dewey

También mejora el sentido de la autoestima. Se goza en la plenitud de la creación de Dios. Para la familia es un tiempo especial de compañerismo, de acercamiento a los hijos y de éstos a sus padres. Es una oportunidad para esa educación informal donde se les enseñan valiosas lecciones de ética y moral: cómo jugar con equidad y honestidad; cómo ganar sin vanidad y cómo perder sin enojo.

La recreación familiar ideal implica la participación de todos los miembros de la familia. Es algo que la familia planifica y que contribuye a su desarrollo e interacción. Hay diferentes tipos de recreación familiar: algo que hacen todos y en que todos participan, y algo que los incluye a todos pero tal vez no en el mismo grado de actividad personal. Por ejemplo, si voy a ver un partido de fútbol en el que juega mi hijo David, o una competencia de campo y pista en la que participa mi hija Cristina, yo me involucro aunque no al mismo nivel. Sin embargo, todos estamos participando. Si ellos ganan en su actividad, bien; y si pierden, también. Para mí, lo importante no es que ellos siempre ganen, sino que aprendan a ganar y a perder, sabiendo que en la vida hay que ceder con gracia. Lo importante es el hecho de estar juntos.

Aquí es cuando yo como padre tengo que decidir entre las cosas que me gustan, y las que le gustan a mi familia. Francamente, muchas veces quiero hacer lo que yo deseo, y no pongo atención a las peticiones de mi esposa o mis hijos. Pero tengo que hacer decisiones prioritarias, y quiero aprender a ser mejor padre con mis hijos cuando ellos me lo pidan. En un estudio que se hizo hace poco sobre padres e hijos, salieron a la luz las dos excusas que el padre ofrece a sus hijos cuando éstos le piden que haga algo con ellos: «Estoy cansado», y «No tengo tiempo ahora». ¡Qué triste es cuando esto caracteriza a nuestra familia!

Los criterios que sigo para decidir la actividad son varios. En primer lugar, hay que consultar entre padres, y entre padres e hijos. ¿Será algo para toda la familia o sólo para algunos? ¿Requerirá dinero o es gratis? ¿Supone ejercicio físico fuerte? ¿Es más actividad mental que deportiva? ¿Incluye a toda la familia, aun a los pequeñitos? ¿Se puede hacer en casa, en el patio, o hay que viajar?

Finalmente

La recreación familiar es una dimensión nueva para muchas familias, pero es una parte de la vida que puede cobrar importancia muy especial para formar vidas y para establecer patrones bíblicos en los hijos. Son oportunidades para forjar ricas memorias y ocasiones para invertir creatividad y tiempo en nuestros hijos. No siempre requiere dinero, pero sí exige tiempo. Requiere evaluación para determinar lo mejor para la familia. Es algo que Dios puede bendecir.

COSAS QUE EL PADRE NO DEBE HACER

No conmine a su hijo si no tiene intenciones de cumplir su amenaza. Tal falta de palabra socavará su autoridad. Si ha prometido castigarle si repite alguna maldad, hágalo sin vacilación alguna. Probablemente él quería probar si usted hablaba en serio. No le ofrezca premios a cambio de su obediencia. Esos caramelos o juguetes cada vez serán más costosos. La obediencia no se obtiene con propinas; viene como resultado de una actitud tan razonable como firme.

No se enfade por sus travesuras. Si pierde el control de sus emociones, lo pierde también sobre su hijo. Puede ser que, atemorizado por su enojo, le obedezca; pero tal obediencia es forzada, no producto del respeto y el amor. Su enfado lo disminuye a los ojos de su hijo.

No descuide las explicaciones. Los niños pequeños tienen siempre mil preguntas. Apenas están descubriendo el mundo y su curiosidad es natural. Si no tiene respuestas para su hijo, él las buscará en otra parte. En este caso, existe el peligro de que obtenga información errónea o inadecuada que deforme sus procesos mentales. Protéjalo de ese peligro siendo usted el que le explique los misterios de la naturaleza y de la vida.

Evite destruir sus sueños dorados. Es cierto que debe ayudarlo a ir enfrentándose a la realidad. Pero ello no implica que ridiculice sus ilusiones infantiles. Soñar no le hará daño. Deje que el tránsito de la ilusión a la realidad lleve su tiempo. Recuerde a José, el hijo de Jacob; soñaba tanto con grandezas que sus hermanos lo apodaron «el soñador». Y mire hasta dónde llegó José.

No descuide su educación espiritual. Con frecuencia los padres piensan equivocadamente que esto es responsabilidad exclusiva de la madre o de la iglesia. Por el contrario, es principalmente del padre. La fe en Cristo es un concepto masculino y varonil. Dios es el Padre eterno; Jesús la más elevada expresión de hombre que el mundo haya conocido. Enseñe a su hijo a andar en los caminos de Cristo y a respetar la iglesia.

¿Qué más le podré decir? Dios fue quien le hizo esposo y padre. Gloríese en este privilegio y esta vocación. Consciente de la responsabilidad que descansa en usted, cumpla su deber como conviene. Con la ayuda de Dios, tendrá una familia feliz en un hogar de armonía y de paz.

PARTE II
INFLUENCIAS NEGATIVAS EN LA DISCIPLINA

Alberto F. Roldán

La aplicación de la disciplina a los hijos se encuentra hoy en una etapa crucial en la sociedad. Existen diversas influencias que resultan totalmente perjudiciales y que es necesario que, como cristianos, las identifiquemos con claridad.

Por un lado, cierta tendencia psicológica —que alcanzo su cúspide en la década de los años 60— sostenía que a los niños no había que corregirlos con severidad. Más bien la idea era que debía aplicarse una especie de «democracia permisiva» que dejara al niño con libertad de decir y hacer lo que deseara. Prohibírselo y —peor aún—castigarlo por cierta acción, significaría dejarle profundos traumas en su mente, que acarrearían funestas consecuencias para el niño. Ciertamente, tal línea de pensamiento no se originó en América Latina; mas bien fue en los Estados Unidos. Pero aquí —¡cuándo no!— también estuvo de moda. La aplicación consciente o inconsciente de las recomendaciones de la «democracia permisiva» dio como resultado una generación de adolescentes y jóvenes opuestos a toda forma de autoridad. Ya no sólo se cuestionó la autoridad de los padres, sino también la de los maestros y educadores. Acaso muchos padres cristianos ni siquiera estuvieron al corriente de esas teorías educativas del niño. Sin embargo, directa o indirectamente han sido influidos en mayor o menor grado por esas tendencias.

Una ilustración de lo que decimos está dada en la afirmación del Dr. John Valusek que durante un programa de televisión sostuvo que:

> «El castigo físico es el primer paso en el largo camino hacia la violencia. Después siguen los golpes, las violacio-

Sobre el padre recae la responsabilidad que se le obedezca.

nes, los asesinatos. Este modelo de conducta, que se fija desde el hogar, indica: «Recurriré a la violencia cuando no sepa qué más hacer"».[1]

El argumento del Dr. Valusek da por sentado que si los padres castigan al niño por su desobediencia, entonces ello le enseñará al niño a recurrir a la violencia y castigar a otros. También está tomando como un hecho que cuando un padre castiga a su hijo lo hace por un arrebato de ira y descontrol. Aunque debe admitirse que esto puede ser cierto en algunos casos, no debemos confundir «violencia física incontrolada» con «castigo disciplinario equilibrado». Además, el castigo físico no debe ser el último recurso después de horas y horas de amenazas («Si seguís portándote mal te voy a dar una paliza») sino que debe ser aplicado cada vez que el niño desobedezca las directivas impartidas. En este punto debemos aclarar que no todos los hijos son iguales. Algunos de ellos responden a la palabra y la amonestación. Otros requieren castigo.

Una influencia también negativa, pero de diferente vertiente, es la representada por los abuelos. Es casi una constante que los abuelos tienden a sobreproteger a sus nietos. Se sienten muy felices de tener cerca a quienes «parecen ser sus hijitos» y les hace revivir en plenitud los felices días cuando eran flamantes papás. Pero ¿cuál es el problema? Básicamente, una confusión de roles. Ellos deben darse cuenta de que no son los padres de las criaturas. Son sólo sus abuelos. Deben reconocer que no son ellos los que deben establecer las «reglas del juego» en cuanto a la disciplina de esos niños. Deben, en suma, respetar a los propios padres de los niños para que los críen y disciplinen como ellos han decidido hacerlo y no intervenir en formas que resten la autoridad de los padres. Los niños —¡que son mucho más vivos de lo que pensamos!— en poco tiempo detectaran la divergencia de opiniones en cuanto a la disciplina y entonces irán «a refugiarse a la casa de los abuelos».

Lo descrito es un enfoque objetivo de la realidad, de lo que sucede a diario en la vida de las familias. Sufren la interferencia de filosofías y psicologías básicamente humanistas que se han filtrado en la práctica de muchos cristianos. Sufren, también, la intromisión de personas como los abuelos que, sin duda, con las mejores intenciones, provocan cierto «corto circuito» en las relaciones entre padres e hijos en la esfera de la disciplina.

Pero, a todo esto, ¿qué nos dice la Biblia? Porque si somos cristianos y, como tales, queremos vivir bajo su autoridad, debemos recurrir a ella para saber cómo actuar. Es altamente significativo observar que en el mismo libro que dice que «Jehová al que ama castiga, como el padre al hijo a quien quiere» (Pr 3. 12), se ofrecen indicaciones precisas sobre el tema, con lo cual, implícitamente, da a entender que de la misma manera que nos trata Dios, debemos nosotros tratar a nuestros hijos.

Respecto a cuándo debe comenzar la disciplina severa, Proverbios 13.24 dice: «El que detiene el castigo, a su hijo aborrece; mas el que lo ama, desde temprano lo corrige». La disciplina y la corrección deben empezar temprano, en realidad, en la misma cuna. ¿Por qué debemos castigar al hijo? Proverbios 23.13,14 afirma: «No rehúses corregir al muchacho; porque si lo castigas con vara, no morirá. Lo castigarás con vara, y librarás su alma del Seol». La razón del castigo es que, si no se aplica, el destino final de esa persona va a ser la muerte. La muerte no sólo física, sino también espiritual y final. La Biblia no es nada optimista en cuanto a nuestra condición de pecadores. Los niños no son santos, aunque a veces nos gustaría que lo fuesen. Son pecadores al igual que los adultos. No debemos esperar que, privándoles del castigo y la corrección, «por arte de magia» o «por milagro» sean hombres y mujeres de bien. Por el contrario, si aplicamos corrección al niño, ya se nos anticipa el resultado: «Te dará descanso, y dará alegría a tu alma» (Pr 29.17).

Y por si algún lector quedó con preocupación, Proverbios 19.18 despeja las dudas cuando expresa: «Castiga a tu hijo en tanto que hay esperanza; mas no se apresure tu alma para destruirlo». Es decir, debemos tener equilibrio entre un castigo —que a veces puede ser severo— y la destrucción física y espiritual del niño.

¿Qué nos dice la Biblia en cuanto a la intromisión de terceros? Por una parte está el mandamiento base del matrimonio que también aquí tiene aplicación: «Dejará el hombre a su padre y a su madre y se unirá a su mujer. Y los dos serán una sola carne» (Gn 2.24). Una de las razones para dejar padre y madre es poder formar un nuevo núcleo familiar sin interferencias. Además, los mandamientos para hijos y padres son inequívocos: «Hijos, obedeced en el Señor a vuestros padres» [no dice: «a vuestros abuelos» ni «a vuestros tíos»]... «Y vosotros, padres, no provoquéis a ira a vuestros hijos sino criadlos en disciplina y amonestación del Señor» (Ef 6.1,4). La responsabilidad de la crianza, disciplina y corrección de los hijos es enteramente de los padres. Y, ¡cuidado!, de ambos padres; no sólo —como ocurre tantas veces en la cultura latinoamericana— de la madre. También el padre es responsable de la disciplina de los hijos.

En resumen, debemos ser sabios para detectar las interferencias que puedan estar afectando la aplicación de la disciplina a nuestros hijos. Como creyentes obedientes a Dios y a Su Palabra, debemos regirnos por los principios que Él nos ha dejado en ella. Aunque esos principios, claro está, no resulten aceptables para mucha gente. Recordando siempre, que la disciplina es una forma de amor que tiene en cuenta el futuro de nuestros hijos. A Leonardo Da

Vinci se atribuye esta declaración: «Quien no castiga las malas actitudes, las fomenta.»

PARTE III
LAS ETAPAS DE LA NIÑEZ

Cuando Jesús decía: «Si no os volvéis como niños no podréis entrar al reino de los cielos» estaba indicando la importancia del niño y la sencillez y la autenticidad que lo caracterizan. Lamentablemente, muchos llegan a ser padres sin nociones claras en cuanto a cómo es el niño y cuáles son las etapas de su desarrollo.

LOS AÑOS PREESCOLARES
Alberto F. Roldán

A los dos años, el niño presenta control de la postura vertical y equilibrio en sus desplazamientos. Sus movimientos, no obstante, son algo lentos y con dificultades para cambiar de dirección.

A los tres años culmina la aparición de las formas básicas de movimiento. El niño adquiere un dominio básico del lenguaje. Este año es más estable que los dos anteriores, y en esa etapa los niños pueden realizar la mayoría de las formas elementales de movimiento. Corren, se detienen, cambian de velocidad. También a los tres años es cuando el niño logra diferenciar y nombrar los colores, advirtiendo también los tamaños y las formas de los objetos.

A los cuatro años el niño muestra una soltura mayor en su actividad motriz. Lady González y Jorge Gómez resumen así esta etapa:

> «Corren con buen ritmo, aunque sin dominar los brazos en su acción compensadora, esquivan y cambian de dirección en espacios amplios. Normalmente, pueden correr alrededor de 50 a 80 metros sin pausas y con mediana intensidad.»

En lo que se refiere a la comprensión y vocabulario en esta etapa preescolar, el niño comienza con el aprendizaje de un vocabulario básico. Empieza pronunciando palabras sueltas. Su comprensión no es analítica sino mas bien sintética. Es en esta etapa cuando los padres pueden ir leyéndoles las historias de la Biblia.

> *En aquel que en su niñez haya experimentado cariño y bondades habrá siempre un vestigio de memoria capaz de responder a estímulos de ternura.*
> —*George Eliot*

Nuestros hijos recibieron esas enseñanzas cada noche antes de dormir. Mi esposa y yo recordamos en un espíritu de gratitud a Dios aquellos momentos en que ellos no podían dormirse sin antes haber recibido la lectura de «La Biblia ilustrada en cuadros» o «El Gran Libro». Se trataba de un hábito tan arraigado en ellos que, aunque por alguna razón se hubiera hecho muy tarde, nunca querían perderse aquel momento insustituible de recreo. La Biblia precisamente nos exhorta a los padres a repetir las palabras de Dios a nuestros hijos, «estando en tu casa, y andando por el camino, y al acostarte, y cuando te levantes» (Dt 6.7).

Es cierto que en esa etapa los niños no lo entienden todo y hasta pueden confundir los términos. Gary Collins ilustra cómo un niño de esta edad puede confundir conceptos, como cuando «hablan de la «parada de la abeja perdida» (parábola de la oveja perdida) o cantan cosas tales como «negro por el pescado estaba mi corazón» (negro por el pecado estaba mi corazón), o «el camino al suelo es Cristo Jesús» (el camino al cielo es Cristo Jesús)». Pero qué bueno es advertir que, equívocos aparte, atribuibles a la edad, los niños pueden aprender la Palabra del Señor e ir incorporando verdades como el amor de Dios y su presencia constante y su propósito para con la familia.

Es obvio que la habilidad motora del niño de cinco años es mucho mayor que la de los años anteriores. Ahora es capaz de lavarse, de bañarse, de vestirse y de comer solo. Puede realizar algunos mandados, saltar sobre un solo pie, etc. El niño de cinco años empieza a tener noción del ayer y el mañana. Se interesa por el reloj y ha incrementado notablemente su vocabulario. Es en esta etapa cuando se puede observar que el niño piensa más antes de responder. También es en esta edad cuando aprende a leer letras sueltas, luego palabras, y hasta hay muchos que aprenden a leer.

Las emociones también son muy importantes en la vida del preescolar. Los niños experimentan sentimientos como la ansiedad, los celos, el enojo, la curiosidad, la alegría, y el afecto. Collins dice que «independientemente de las causas de los sentimientos, las emociones del niño son típicamente breves en cuanto a su duración, intensas, frecuentes, y generalmente causadas por lo que los adultos llaman asuntos de menor importancia».

Dice la Biblia en un conocido texto: «Instruye al niño en su camino, y aun cuando fuere viejo no se apartará de él» (Pr 22.6). Esta importante verdad está plenamente comprobada y debe tenerse en cuenta cuando hablamos del desarrollo religioso del niño. Es en la etapa preescolar cuando ya comienzan a plantearse algunas preguntas. Lógicamente, el ambiente del hogar y de la iglesia es clave para la educación religiosa del niño. Cierta estadística realizada entre líderes evangélicos demostró que 70% de ellos tuvieron una experiencia de conversión a Cristo durante la niñez.

Es necesario que los padres, y también los maestros, tengan en cuenta que, durante la etapa que estamos enfocando, el niño tiene un pensamiento más bien concreto, por lo cual lo abstracto es algo que, en lo posible, debe evitarse. También es importante que para la enseñanza religiosa se aprovechen experiencias tomadas de la vida real y concreta de las personas y familias. Pero acaso más importante todavía es que los padres procuren cultivar una relación afectiva con el niño creando un ambiente de amabilidad, atención y cuidado.

Sobre este aspecto, Wesley Haystead indica que «los padres pueden poner un sólido fundamento para el crecimiento de sus hijos en el Señor cuando se les hace sentir que se les ama y respeta. De otro modo, todas las lecturas y enseñanzas del mundo harán poco impacto faltando una buena relación entre padres e hijos». Y este fundamento debe ser colocado precisamente en esta etapa de la preescolaridad. Después, puede ser demasiado tarde.

LOS AÑOS ESCOLARES

6 a 10 años

En este período, el ritmo de crecimiento del niño en lo corporal no es tan acelerado como en la etapa anterior. El peso de su cuerpo depende del tipo de alimentación. Jorge Gómez sostiene que en este importante período el niño «muscularmente, no es muy fuerte, ya que su sistema endocrino aún no ha madurado para permitir el desarrollo de la fuerza, pero sí posee buena elasticidad». Esta característica permite una mayor actividad corporal.

A los seis años, su actividad es casi constante: corre, salta, trepa, se balancea, arma y desarma cosas. A los siete años, se inclina a repetir una actividad, y su postura es más tensa, teniendo mayor dominio de sus músculos faciales. A los nueve, el niño trabaja y juega mucho usando las manos en forma independiente. Es capaz de mirar sin pestañear y es un agudo observador. Como resumen de lo más destacado de esta etapa de los seis a diez años, señala Jorge Gómez:

> «La característica dominante es la de un crecimiento paulatino respecto al ciclo anterior, con un equilibrio vegetativo lábil manifestado en la facilidad para enfermarse y en la inestabilidad psicoemocional que redunda en una motricidad exacerbada, no demasiado controlada y que ne-

cesita ser encauzada. Su tono muscular no llega aún a niveles que permitan una exhibición de fuerza notable, pero se mueven mucho, siempre y cuando los esfuerzos no sean prolongados, pues la fatiga aparece rápidamente.»

En cuanto a los aspectos intelectuales y de la conducta del niño en este periodo, pueden señalarse los siguientes: A los seis años la conducta es impulsiva y cambiante. Pasa de un momento a otro del llanto a la risa y viceversa. Su pensamiento es concreto y va formando su capacidad para detectar proporciones. A los siete años, el niño tiene periodos de concentración y adquiere conciencia de sí mismo y de los demás. Tiene obsesión por lo que realmente le interesa. A los ocho años comienza a tener nociones de la justicia y tiene una conciencia clara del grupo escolar. A los nueve años tiene —en general— buenas relaciones con sus compañeros de juego y su pensamiento le lleva a ordenar información. Con referencia a las relaciones interpersonales del niño de diez años Muñoz Martín y Rodríguez Tejada declaran:

«Abarcan una amplia variedad de valores sociales y culturales que son íntimamente analizados y que contribuyen al desarrollo del yo. Las niñas se muestran más adelantadas en esto que los varones. Sigue despreciando al sexo opuesto, pero ya se empieza a establecer un cierto grado de compañerismo con él. Es muy susceptible a la información social y a los prejuicios, y participa con este motivo en las discusiones de los adultos. Se adhiere a las ideas de bienestar y justicia social. Tiene perspicacia en las relaciones personales y sentido de lo justo. Juzga a sus padres y los compara con los de sus compañeros. Puede ser muy cruel con sus amigos; pero también siente su influencia y se identifica con ellos. Muestra afición por los secretos y en los que tiene la sensación de lo compartido.»

11 a 12 años

Esta es la etapa de la preadolescencia en la que los niños dan el «estirón». Además de aumentar de estatura, los niños de esta etapa experimentan los caracteres sexuales bien determinados. En el caso de las mujeres —que se desarrollan más rápidamente— es el período en el cual ven ensancharse sus caderas y perfilarse el busto. Aunque los varones todavía no sean muy fuertes, aumentan mucho su peso y realizan mucha actividad motora. En cuanto a su sexualidad, los varones tienen erecciones con cierta frecuencia. El crecimiento acelerado de los huesos hace que los preadolescentes experimenten con cierta asiduidad dolores en las articulaciones de las rodillas, los tobillos y las muñecas, precisamente debido al rápido crecimiento.

Volviendo a la actividad del preadolescente, Muñoz Martín y Rodríguez Tejada dicen que el niño de esta etapa «está siempre en movimiento; camina, toca, observa, salta, golpea, bambolea las piernas, entrechoca sus rodillas. Su sistema psicomotor se expresa de una forma múltiple, sin que se vea muy bien la relación entre los distintos aspectos».

En cuanto a las relaciones interpersonales, el preadolescente tiende a pelearse con sus hermanos y mostrar rebeldía. Hace críticas a sus padres y muestra fastidio. Junto a ello, paradójicamente, tiene disposición a la amistad.

Finalmente, en lo que se refiere al desarrollo moral y espiritual del niño de la edad intermedia, se han hecho estudios interesantes que han arrojado los siguientes resultados: 1) A medida que los niños crecen, aumenta su conocimiento del bien y del mal pero, paralelamente, también aumenta su tendencia al engaño. 2) Los niños procedentes de hogares de nivel socioeconómico bajo y de familias inestables, se desarrollan más lentamente 3) La escuela dominical ha sido un factor positivo en el desarrollo moral y de la conducta de los niños. Precisamente, tanto el hogar, como la escuela dominical, deben tomar conciencia de que, al llegar a los doce años, el preadolescente tiene una mejor comprensión de lo que es el pecado. Es capaz de tomar decisiones importantes en la esfera espiritual, y de dedicar su vida a Jesucristo como su Señor. Por ello, aunque se trate de una etapa turbulenta, dados los cambios físicos que experimenta, también es una edad clave para las grandes decisiones en el orden espiritual. De ahí el esmero y cuidado con que tenemos que tratarlos y, sobre todo, la comprensión y afecto constantes que necesitan.

JUEGOS Y RECREACIÓN DEL NIÑO

Se ha dicho que «el juego es la actividad más seria que realiza un niño». Esta afirmación, que parece contradictoria, es muy importante y debe ser tenida en cuenta por padres y educadores. A veces los adultos —olvidando que también fuimos niños—consideramos al juego del niño como una actividad inútil. Sin embargo, el juego infantil tiene muchos objetivos y funciones. Collins señala cuatro, a saber: 1) permite la descarga de energía en cuerpecitos que necesitan dedicarse a una actividad vigorosa; 2) estimula, es decir, provee variadas experiencias que permiten superar el aburrimiento; 3) permite al niño desarrollar sus habilidades motoras; 4) instruye al niño acerca de los papeles que desempeñan los adultos.

El juego en el niño es una actividad placentera, libre y creativa. Mediante ella, el niño «se contacta con el mundo, internaliza sensaciones, conocimientos, pautas de vida social, etc., que le permitirán, según Piaget, la acomodación paulatina a la realidad» (Jorge Gómez). ¿Qué tipos de juego practica el niño en las distintas etapas que hemos estudiado?

El juego en el niño de 1 a 5 años

El juego en el niño comienza por ser «social-afectivo». En el mismo, los adultos juegan con el niño, lo pellizcan, lo aprietan, lo levantan, etc. Luego, el niño repite acciones placenteras y libres que le permiten internalizar nociones sobre objetos, espacio, tiempo, su propio cuerpo, etc.

En cuanto a los juegos simbólicos, el niño los desarrolla también en esta etapa. Mediante el «hacer como si», el niño es capaz de «asimilar la realidad a sus posibilidades de percepción y elaboración; los objetos y situaciones que no puede controlar son reemplazados por otros u otras que sí puede dominar» (Gómez). No es recomendable que los padres y educadores les reemplacen objetos, lugares, y situaciones que los niños han creado, por otras inventadas por los mayores. Esas imágenes fraguadas por los adultos no resultan útiles para el desarrollo intelectual y psicomotriz del niño.

El juego en el niño de 6 a 12 años

En esta nueva etapa el niño pasa a juegos de ACCIÓN Y CONTEMPLACIÓN. A los 6 años, el varón gusta de la conquista, del misterio y la acción. Son frecuentes los juegos de pistoleros, policías, y vaqueros; también imitan a predicadores, cantantes, y evangelistas. En cuanto a las niñas, juegan con muñecas, se disfrazan de mamá, juegan a trabajar en la cocina.

El ingreso del niño a la escuela primaria y su aprendizaje de las letras y los números le permite incrementar la cantidad y calidad de los juegos. Entre los 6 y 8 años, los patines, la bicicleta, los coches, serán los medios a través de los cuales el niño logrará distracción y canalizará sus energías. Luego seguirán las carreras y los deportes como el fútbol y el basket.   En la etapa siguiente, el niño irá gradualmente desprendiéndose de los objetos que utilizaba en el juego. Ahora, volverá a utilizar más su cuerpo en vez de los juguetes.

Recurrirá —entre los 9 y 12 años— a libros de aventuras, materiales para coleccionar, y herramientas. Ya en los 12 años, utilizará la cámara fotográfica, el grabador, y el tocadiscos. También, obviamente, la televisión será un medio de diversión, juego, y entretenimiento.

¿Cuál es el papel que deben desempeñar el padre y la madre en el juego del niño? En primer lugar, aceptar al niño y su juego como parte de su desarrollo psicosomático. En segundo lugar, respetar los intereses del niño, ya que no todos se comportan exactamente igual ni tienen los mismos gustos. Y, tercero, estando en un ámbito cristiano, fomentar en ellos un espíritu de gratitud a Dios por el cuerpo y las habilidades y destrezas que Él le ha permitido tener para jugar y recrearse. Ello también constituye un don del Creador por lo cual debemos estarle agradecidos.

SIETE COSAS QUE DEBE ENSEÑAR A SUS HIJOS

Howard Hendricks

1. El niño, desde que nace, debe recibir de sus padres un afecto caluroso, pero no sofocante.

El dar y recibir amor es un estabilizador básico en la vida. El amor continúa dando, aunque uno esté cansado, ocupado, enfermo, aburrido, o como sea. El afecto debe ofrecerse en términos entendibles por el niño.

Hay padres muy sinceros que no obstante crían hijos desviados. Por ejemplo, en el homosexual suelen concurrir dos influencias poderosas: una madre dominante, posesiva y agresiva y/o un padre desinteresado, hostil y pasivo. Esta combinación es mortal. Anótelo bien, una inversión de los papeles bíblicos produce desviación. Un estudio sobre 1800 homosexuales concluye drásticamente: «Una relación afectuosa con el padre, de apoyo constructivo, previene la posibilidad de un hijo homosexual». Los desviados no son el producto de un hogar unido y estimulante.

2. Los niños deben ser expuestos a padres profundamente enamorados entre sí y que no se avergüencen de demostrarse su amor en presencia de sus hijos.

El amor debe ser un estilo de vida entretejido en la tela de la vida. No es un satín que se rompe cuando se le estira, sino una lana teñida que cubre toda la casa. ¿Cómo captan los niños este amor?, por la vía del contagio: al ser expuestos al mismo.

En una ocasión Jeanne y yo nos estábamos abrazando en la sala cuando de repente entró nuestro hijo menor con un amiguito.

—¡Hey! Tenemos que esperar un ratito—dijo Bill, el otro.

—¿Por qué? Mis padres se están abrazando. ¡Siempre es así!

—Eh, ¡Vamos a entrar! Debe ser formidable tener un padre que ama a tu mamá. Yo ni sé quién es mi padre; cada noche hay un fulano diferente en nuestra casa.

¡Cuidado! No midamos nuestras expresiones de amor por las reacciones de los hijos, especialmente si son adolescentes. Puede ser que digan: «¡Otra vez!, ¡qué fastidio!» Pero, en el fondo de sus corazones, habrá impacto. Cuando estoy aconsejando, las palabras trágicas que escucho son: «No puedo recordar ni una sola vez que mi padre abrazara a mi madre». ¿Qué clase de herencia tendrá el hijo suyo?

3. Ayude a cada niño a identificarse con su propio sexo y, al mismo tiempo, respetar al otro.

El sexo es más que un proceso de reproducción o un fenómeno biológico. Incluye toda la personalidad; es lo que hace que un hombre sea hombre y una mujer, mujer. Los niños captan las actitudes como la aspiradora absorbe el polvo. Por ejemplo, la mujer que en su conversación desprecia a los hombres, está revelando más de lo que piensa acerca de su propio matrimonio. El uso del sarcasmo no cabe en un buen matrimonio. El esposo que ve a su esposa frente al espejo y le dice con desprecio: «¡De nada te sirve!», está derramando ácido sulfúrico sobre su matrimonio.

Estimule a su hijo para que llegue a estar orgulloso de su propio sexo. Alabe a su cónyuge frente a su familia. Proclamar: «¡Qué dichosos somos de tener un papá como el nuestro!», dice mucho a los niños.

4. Provea un vocabulario correcto, use términos precisos.

Si está enseñando a un niño a hacer galletas, usted no le dice: «Tráeme una de esas cómo se llamen que están en la gaveta, ésas para medir el polvo de hornear y ese cachivache para la harina». Usted usa las palabras correctas porque el niño necesita aprender.

Así debe ser con la información acerca de la vida íntima. Debemos nombrar correctamente las partes del cuerpo. Por ejemplo, uno debe referirse al amamantar a un bebé, de manera normal y natural. Al ir creciendo, el niño debe saber que el bebé empieza su vida en un lugar que se llama útero, y cuando está listo, desciende de cabeza a través de la abertura vaginal. Esta sencilla explicación da confianza a los niños, que normalmente tienen curiosidad y se confunden cuando les dicen: «Eres muy pequeño para hablar de esto». Y más tarde les dicen: «Ya eres muy grande para no saber esas cosas.»

5. Provea información sexual cuando sea necesario y con la interpretación cristiana.

Al instruir sobre el proceso sexual debemos hacerlo explicando su maravilla y misterio. Cuando Dios creó a Eva, puso a dormir profundamente a Adán, y hasta la fecha todo es un misterio para nosotros. La relación sexual todavía es un enigma, a pesar del espectacular enfoque de los sexólogos.

Una respetuosa reverencia debe revestir la enseñanza acerca del sexo, para evitar que el niño lo considere algo vulgar.

Las madres deben saber cómo contestar las pregunta, por ejemplo, cuando viene corriendo la niña y pregunta: «Mami, ¿de dónde vienen los bebés?»

Un pequeño le preguntó a su madre de dónde había venido él y de dónde había venido ella. Su madre le habló acerca de la cigüeña. Después el niño preguntó lo mismo a su abuelita, y recibió la misma respuesta, aunque con ciertas variaciones. Entonces el niño salió corriendo de la casa y le contó a su compañero: «¿Sabes qué? ¡En nuestra familia no ha habido un nacimiento normal en las últimas tres generaciones!»

Por lo general, el niño no quiere saber todos los hechos de una sola vez. No se interesa en todo acerca de la reproducción o el acto sexual. Él solamente quiere una respuesta sencilla y directa, y sólo eso debe dársele; Una regla: siempre diga la verdad, pero no necesariamente toda la verdad en una sola ocasión. No le diga más de lo que él quiera o necesite saber.

6. Correlacione el conocimiento con la experiencia.

Aproveche las oportunidades que se presenten con los animales caseros, la llegada de bebés, las defunciones, los casamientos, para explicar la vida a los niños. Visite los museos. Compre libros bien ilustrados. Procure que sus hijos estén al tanto de la vida.

7. Provea información e instrucción acerca de las desviaciones sexuales.

Los niños deben aprender pronto acerca de los peligros. No los asuste, sólo que estén conscientes. Ellos harán preguntas al ver ciertas cosas en las carteleras, los periódicos y la televisión que provocarán su curiosidad. De buena forma hábleles sobre las drogas, el aborto, las enfermedades venéreas, el vivir juntos sin casarse, la vida comunal, etc. Explíqueles que los homosexuales siempre andan buscando desviar sexualmente a otras personas.

Ambos padres deben participar en la educación sexual. No deje la tarea a la otra persona (generalmente la mamá). Rodee a sus hijos de buena literatura y esté listo para hablar sobre ella. Empiece pronto. La educación sexual no es un discurso; es una vida.

No podemos cambiar el hecho de que el mundo en que vivimos ha diluido y degradado al sexo, y ha torcido completamente el concepto que Dios tiene de él. Sin embargo, la educación sexual no es una opción.

La solución al dilema de la educación sexual está implícita en las Escrituras. El señorío de Cristo es la clave en el área sexual, de la misma manera que con el resto de la vida. Pablo nos recuerda: «Porque habéis sido comprados por precio; glorificad, pues, a Dios en vuestro cuerpo y en vuestro espíritu, los cuales son de Dios» (1 Co 6.20).

capítulo 7
LAS FINANZAS DEL HOGAR

Guillermo Taylor

Hay un sentimiento muy arraigado dentro de nosotros de creernos dueños de lo que poseemos. Por el mero hecho de haber logrado ganar dinero y con ello adquirir cosas, ya nos creemos los propietarios absolutos de todas las cosas. Pero ¿es así según la Biblia? ¿Qué nos dice Dios acerca del dinero y las cosas materiales? ¿Qué abarca la «mayordomía cristiana»? Estas y otras cuestiones fundamentales serán tratadas en este capítulo.

En este estudio
1. Definiremos lo que significa «mayordomía cristiana».
2. Conoceremos actitudes correctas hacia el dinero.
3. Advertiremos la importancia de un presupuesto familiar.
4. Confeccionaremos un presupuesto tentativo.

Mayordomía cristiana es el servicio que el cristiano rinde a Dios, reconociendo que todo lo que es y tiene es un regalo de Dios y debe ser administrado de acuerdo con Su voluntad y para Su gloria.

De esta definición nacen varios principios que pueden guiarnos a establecer actitudes cristianas respecto al dinero. En primer lugar, tengo que reconocer que todo lo que soy y tengo es de Dios. Recordemos Santiago 1.16-17:

> «Amados hermanos míos, no erréis. Toda buena dádiva
> y todo don perfecto desciende de lo alto, del Padre de las
> luces, en el cual no hay mudanza, ni sombra de variación.»

Pablo aclara en 1 Corintios 4.7 con palabras fuertes:

«Porque, ¿quién te distingue? ¿O qué tienes que no hayas recibido? Y si lo recibiste, ¿por qué te glorías como si no lo hubieras recibido?»

Nada de lo que soy y tengo es mío, sino de Dios.

Aunque parezca ilógico, la administración sabia del dinero en el hogar se hace posible cuando, en primer lugar, la vida de los cónyuges se ha entregado a Dios. Este es un golpe duro al materialismo que proclama que la equitativa distribución de la riqueza solventará los problemas del mundo. También golpea al que cree que la adquisición de cosas le traerá satisfacción. Si hemos llegado al reconocimiento de que todo es de Dios y nada de lo que poseemos es nuestro, entonces tenemos la actitud correcta y la capacidad adecuada para administrar el dinero. Entregue toda su capacidad para ganar dinero a Dios. Entréguele el «título de propiedad» de todos sus bienes.

Un segundo principio, que se desprende del anterior es, simplemente, que 100% de mi dinero pertenece a Dios. Muchas veces sentimos como cristianos que lo que sí es de Dios es sólo el porcentaje que «le regalamos», pero lo que resta (la mayor parte), «eso sí que es nuestro». La Biblia no condena esa actitud; más bien juzga al cristiano que opera bajo tales móviles inadecuados. A Dios le interesa el 100% de mi dinero.

Por otro lado, algunos creen que el dinero en sí es la raíz de todos los males, citando mal 1 Timoteo 6.10. Pablo aclara que es el «amor al dinero» la raíz de todos los males. Esto toca mis motivos más profundos, mis actitudes, y el comportamiento que surge de ellos. Pero, ¡qué libertad más grande surge cuando nos damos cuenta de que todo es del Señor!

La verdad es que nunca tendremos «suficiente» dinero para estar satisfechos. Aquí solamente hay que observar a algunas de las personas más ricas del mundo. Nunca descansan. Siempre quieren más, y muchos no se preocupan por los medios que utilizan para adquirir bienes materiales. En el plano de la familia ordinaria cristiana, que no gana tanto, nunca parece haber «suficiente», ni mucho menos un superávit. Y así es la vida, porque nuestro apetito económico crece mucho más rápido que nuestra capacidad para obtener lo que buscamos. En tercer lugar, será fundamental que toda familia se fije prioridades concretas para las necesidades de su vida. Las Escrituras tienen muchos pasajes que afirman este principio.

Lucas 12.13-21 desarrolla un diálogo y ofrece una parábola para enseñar acerca de las prioridades en esta área. Las palabras de nuestro Señor son fuertes en cuanto a la avaricia, problema que todos hemos enfrentado de vez en cuando. Pero Él no termina ahí, sino que continúa enseñando directamente sobre los valores y el dinero. Noten Lucas 12.22-34. Observen cuántas veces Cristo enfatiza las tensiones y las actitudes con «no os afanéis», o «no os preocupéis», o «no temáis». Esta lección es tremendamente difícil de aprender para muchos, porque, francamente, desconfían de la capacidad divina para proveer lo necesario para su vida y sustento.

> *El verdadero discípulo de Jesús no es ni un avaro ni un pródigo; es un mayordomo.*
> —William HIram Foulkes

El último versículo pone el dedo en la llaga. Cristo entendía los problemas de los hombres, y sabia que era muy fácil confundir las prioridades. Qué gozo ha sido para mí conocer a cristianos a quienes Dios les ha dado mucho en lo material; parece que Dios puede confiar en estos hermanos. Tienen mucho, pero obviamente su corazón no está enfocado en los tesoros materiales, porque ellos regalan un porcentaje muy alto de sus ingresos. En cambio, conozco a otros cristianos con un espíritu de codicia, ansiosos de adquirir más, y amargados porque tienen tan poco.

Aquí tenemos que considerar nuestras actitudes hacia lo más importante en la vida. Si Dios me ha dado un empleo en el cual gano poco, regular o bien, debo darle gracias a Él por el trabajo. Y mi trabajo, cualquiera que sea, debe ser excelente en calidad, siendo fiel a las normas cristianas del trabajador. Debo ser constante y honrado en mi trabajo.

El cuarto principio enfoca una dimensión algo diferente: cultive un espíritu de contentamiento con lo que Dios le ha dado. 1 Timoteo 6.6-8 trata esta actitud:

> «Pero gran ganancia es la piedad acompañada de contentamiento: porque nada hemos traído al mundo, y sin duda nada podremos sacar. Así que, teniendo sustento y abrigo, estemos contentos con esto.»

A la vez, Dios ha puesto en nuestro corazón el impulso de la superación. Nadie debe concluir que enseño que uno no debe avanzar en responsabilidad, trabajo, y remuneración. Sí, debemos esforzarnos por una superación económica y debemos estudiar más, si es que esto nos va a abrir la puerta. Debemos cambiar de trabajo, ordenadamente y respetando las normas, si en el cambio podemos proveer mejor para la familia. En todo caso, cuidémonos de la codicia y la avaricia.

Una quinta sugerencia destaca nuestra responsabilidad con nuestros hijos. Enseñemos a nuestros hijos a desarrollar actitudes bíblicas en cuanto al dinero y a ser responsables en su manejo. Todos nosotros como padres hemos tenido que luchar con peticiones de los chicos que, aparentemente, dan por sentado que el dinero viene «así porque sí». Nos piden cosas que no podemos comprar, y parece que ellos siempre quieren más. ¿Cómo vamos a enseñarles actitudes correctas en las finanzas?

Comencemos demostrando nuestras propias actitudes correctas hacia el dinero. Si en la casa los niños escuchan a sus padres en discusiones y peleas por motivos de dinero, ellos captarán esa actitud. Pero si los padres viven en carne propia las prioridades cristianas hacia el dinero, esa actitud buena será también captada por ellos. Además, es conveniente darles una pequeña suma semanal para su propia administración. Esto puede comenzar cuando ellos inician sus estudios de primaria. No tiene que ser mucho, y siempre tiene que ir acompañado por una instrucción inicial.

Otra manera de enseñarles responsabilidad es dándoles trabajo en casa. Los niños pueden barrer, fregar, trabajar en el jardín o huerta, sacar la basura y, por cierto, cada uno debe hacer su propia cama por la mañana. Estos trabajos pueden variar con frecuencia, y tal vez algunos pueden ser remunerados con pequeñas sumas. ¡No debemos comunicar la idea de que el hacer un trabajo requiere un pago de los padres!

También podemos enseñar a los hijos a ahorrar, si es posible dentro del presupuesto familiar.

En sexto lugar, salga cuanto antes de todas sus deudas. Proverbios 22.7 advierte que «el rico se enseñorea de los pobres, y el que toma prestado es siervo del que presta». Y Romanos 13.8 dice: «No debáis nada a nadie.»

El principio final es tal vez el más difícil: preparar un presupuesto y aprender a vivir bajo el mismo. Muchas personas me han dicho: «Es que mis entradas fluctúan de mes a mes. Si tuviera un salario fijo entonces si podría funcionar con un presupuesto.» Otras dicen: «Intentamos hacerlo así una vez, pero no funcionó.» Todo esto no es nada más que falta de conocimiento o la excusa de perezosos mentales. Todos podemos hacerlo, aunque no es fácil.

MODELO DE PRESUPUESTO

AÑO_____ MES_____

INGRESOS ESTIMADOS

    Salarios $

    Donaciones $

    Ingresos extras $

    TOTAL   _____

EGRESOS ESTIMADOS

    PRIORITARIOS

    Diezmos $

    Ofrendas $

    Donaciones $

    GASTOS FIJOS

    Impuestos $

    Luz $

    Teléfonos $

    Gas $

    Agua $

    Alquiler o cuota

    de la vivienda $

    Seguros $

    Gastos automóvil $

    Otros $

    NECESIDADES HOGAREÑAS

    Alimentos $

    Medicamentos $

    Estudios $

Viáticos	$	
Vestimenta	$	
Otras	$	
AHORROS		
Vacaciones	$	
Futura vivienda	$	
Otros	$	
IMPREVISTOS		
Emergencias	$	
Reparaciones	$	
TOTAL		_____
Total ingresos estimados:	$_____	
Total egresos estimados:	$_____	
SALDO		_____

Si el saldo es $0.00, deben dejarse las cifras como están.

Si el saldo es deudor o acreedor, el ajuste debe hacerse en los rubros 4 y 5.

Este presupuesto es un modelo. Cada familia debe ajustarse a lo que son sus necesidades y posibilidades y de acuerdo con los bienes que se disponen. Se mencionan estos cinco grupos de gastos como orientación; también puede haber más o menos grupos. Lo importante es que el presupuesto se respete y se controlen los gastos de acuerdo con el mismo. El presupuesto no es nada en sí mismo si no se respeta su cumplimiento.

ADMINISTRE CON UN PRESUPUESTO

¿**Q**uién administra el dinero? Una de las ventajas de vivir bajo un presupuesto es que se elabora con la participación del esposo y la esposa. Creo que por razones bíblicas, de orden y de liderazgo, el hombre es el llamado a guiar el hogar en la vida financiera. Sin embargo, no todos los hombres tienen habilidades administrativas, y hay casos en que la esposa es una excelente administradora. En estos siempre hay diálogo en cuanto a la distribución del dinero, pero los detalles podrán dejarse al más capaz en la administración. El presupuesto permite que los dos se involucren en determinar cómo y dónde se distribuirá el dinero.

Una de las primeras cosas es unificar las entradas. Tal vez solamente el esposo trabaje fuera del hogar (la esposa siempre trabaja «sin salario» en el hogar). Si la esposa también gana un salario, las dos fuentes entran a la caja común. No es un asunto de que «lo mío es mío» y «lo tuyo es tuyo». No, los dos son uno. Si hay hijos mayores en la casa que ganan un sueldo, hay que tener esa fuente en cuenta. Ellos tienen la responsabilidad de contribuir a la caja familiar, asegurando que cubren por lo menos su parte de los gastos en forma generosa.

Recuerdo un caso que asesoré hace unos años. La pareja vino en busca de orientación previa al matrimonio, y cuando llegamos al tema de las finanzas, la diferencia de opinión y práctica casi se sentía en el ambiente. La novia tenía en mente que ella continuaría con «mi trabajo y mi salario», y el novio con el suyo. Lo delicado era que ella ganaba más que él, y que no estaba dispuesta a unificar los salarios en la caja común familiar. Fue por medio de la elaboración del presupuesto que se logró la unidad.

Los siguientes pasos pueden servir de guía en la preparación de un presupuesto. Primero, estimar cuáles son sus entradas por mes de todas sus fuentes: salario o sostén profesional, intereses, remesas familiares, alquileres, cosechas y toda otra posibilidad.

En segundo lugar, determine sus gastos mensuales. Estos son los gastos fijos: ofrendas al Señor, impuestos, deudas, ahorros, alquiler o paga mensual de la casa, luz, agua, gas, calefacción, etc. Estos son los gastos que casi no varían de mes a mes. [Eso corresponderá a algunos países, porque lo que es en otros, como la Argentina, se ha llegado al «invento nacional» de inflación de todo, y en dólares!] El renglón de ahorros también sirve para emergencias.

Todas las cosas del mundo no nos sirven más allá de su utilidad. De todo lo que almacenamos podemos disfrutar solo aquello que podemos utilizar, y no más.
—DeFoe

Haga luego la lista de los otros gastos: alimentación, medicinas, ropa, transporte, dinero para uso personal de la esposa y el esposo, material para lectura y si queda algo, diversión y recreación.

Habiendo apuntado todos los gastos, súmelos y anote la diferencia entre entradas y salidas. Estos estimados constituyen la médula de su presupuesto mensual. Normalmente, sus entradas deben exceder a sus gastos, pero algunos meses habrá más gastos que entradas. El ahorro, cuando es posible, puede ayudarles aquí también para el equilibrio financiero.

Si los gastos exceden grandemente a las entradas, su responsabilidad es doble: o bajar los gastos, o buscar más entradas. Generalmente hay que hacer lo primero.

Ya con un presupuesto, deben adquirir una pequeña libreta para ir apuntando diariamente las salidas de dinero. Después de apuntar estas salidas, pueden compararlas con el presupuesto elaborado para la revisión y ajuste necesarios.

SUGERENCIAS PARA SUS COMPRAS

Generalmente, uno como adulto tiende a actuar tal y como lo criaron en su propio hogar. Si nuestros padres fueron responsables en el uso del dinero, así lo seremos nosotros. Desafortunadamente, muchísimas personas vienen de hogares caracterizados por el descontrol y la irresponsabilidad financiera. Estas personas, al crecer y formar su propio hogar, tienen que esforzarse mucho para adquirir hábitos sanos en el uso del dinero. Aquí les doy algunas ideas sencillas que les podrán servir de ayuda en sus compras.

En primer lugar, antes de comprar, compare valores. No se habitúe a comprar siempre en los mismos negocios. Y al comparar valores, no sólo compare precios, sino también la calidad, el diseño y el propósito del producto.

Segundo, seleccione estilos básicos. Mientras más simple sea el estilo, más inversión se habrá hecho en los materiales mismos y menos en decoración y mano de obra. Y en asuntos de vestido, los modelos más sencillos tienen menos tendencia a pasar de moda. Para el cristiano creo que es saludable no ser el primero ni el último en ajustarse a las modas cambiantes.

En tercer lugar, compre productos conocidos, fabricados por las mismas casas comerciales o marcas que son nacional o internacionalmente conocidas. Haga esto tomando también en cuenta la calidad de los productos.

Cuarto, manténgase en los precios intermedios. Muchas veces uno compra barato pensando que así va a ahorrar, pero lo que ha comprado se desgasta o deshace pronto. Pero muchas veces cuando se compra un producto (por ejemplo de ropa) un poco más caro, le va a durar mucho más tiempo y le servirá mucho más.

Quinto, revise los ingredientes antes de comprar. Muchos expertos en mercadería y propaganda saben que la mayoría de la gente es ingenua al comprar. Supe de un experimento que se hizo: al cambiar solamente la etiqueta de cierto producto alimenticio, la gente afirmaba que el sabor del «nuevo producto» era mucho mejor. Estaban influidos sólo por la etiqueta.

En asuntos de comida, averigüe si el producto tiene conservantes químicos. Uno debe evitar ingerir estos elementos. En compras de cereales para el desayuno, asegúrese de que la comida tiene valor alimenticio. No se deje llevar por lo atractivo del paquete o por los regalitos que trae adentro. Al comprar ropa, busque qué fibra es, prefiriendo materiales naturales como algodón o lana.

Sexto, no pague más sólo por conveniencia. Invierta tiempo para comprar a mejor precio. La tendencia es la de comprar cerca de casa, pero puede ser más caro en la tienda pequeña, mientras que a una distancia mayor se puede ahorrar bastante. Trate de establecer cuánto paga por empaque y transporte.

Séptimo, aproveche las ventas de oportunidades en gangas o rebajas. Conozca sus necesidades familiares de antemano y manténgase a la expectativa de oportunidades y ofertas, en vez de esperar hasta que la necesidad imperiosa se haga presente y usted tenga que comprar «ya» y más caro. Muchas tiendas de alimentos tienen días de ofertas. Compre en esos días para ahorrar.

Octavo, si puede, compre al por mayor y en tamaños grandes. De esta manera se puede ahorrar a la larga, aunque haya que hacer un gasto más alto al principio. Pero siempre asegúrese de que sí está ahorrando. Otra variante de este ahorro viene al asociarse a ciertas cooperativas de consumo donde se han hecho las compras al por mayor y los miembros comparten las responsabilidades de compra y venta.

Noveno, evite comprar a crédito cualquier producto, y salga lo antes posible de todas sus deudas. Evite el uso de tarjetas de crédito que muchas veces engañan al comprador haciéndole pensar que es una gran ventaja. Las tarjetas de crédito son un enorme negocio porque cobran intereses mensuales altísimos.

Finalmente, evite la tendencia a comprar sin previa evaluación. Mi esposa me manda al supermercado siempre con una lista concreta, pero ella sabe que soy propenso a comprar impulsivamente. Se ha establecido que el varón es menos disciplinado en las compras en el mercado y esto puede representar un peligro para el presupuesto familiar.

Ya habrán notado que en el modelo de presupuesto las ofrendas al Señor aparecieron en el primer renglón. Se hizo así porque así debe ser. Muchas familias ofrendan al Señor «lo que sobre», y por eso son dadores de limosnas. Normalmente, es un paso arriesgado poner la cantidad fija de la ofrenda al inicio del presupuesto, pero Dios está muy dispuesto a bendecir a la familia que tiene estas prioridades establecidas.

LAS OFRENDAS EN LAS ESCRITURAS

A través de sus páginas, la Biblia tiene entretejidos muchos ejemplos e instrucciones referentes a las ofrendas. Es un tema que encontramos desde el Génesis hasta el Apocalipsis. En el Antiguo Testamento comienza como una expresión voluntaria. En Génesis 14.17-20 notamos que Abraham, unos siglos antes de la ley mosaica, ofrendó los diezmos con un corazón agradecido al Señor. Era una ofrenda libre que expresaba su fe y él la puso a los pies del misterioso Melquisedec, rey de Salem y sacerdote del Dios Altísimo. Jacob, en Génesis 28.20-22, hizo voto de ofrenda de sus diezmos al Señor.

Cuando llegamos a la época de la Ley, el diezmo llega a ser un mandamiento para todo el pueblo de Israel. Eso se nota en pasajes como Deuteronomio 12.6, 17-18; 14.22-29; 26.12. El pueblo de Israel tendría que ser caracterizado como un pueblo generoso. Algunos han sugerido que el total de todas sus ofrendas sumaba el 30 % de sus entradas globales. Pero si combinamos todos los pasajes y los estudiamos bien, no resulta una suma clara. Muchas de sus ofrendas iban destinadas a los levitas, los que a su vez deberían ofrendar el diezmo de lo que recibían. Lo que sí es claro es que el pueblo por lo menos ofrendaba el 10%.

En sus epístolas, los apóstoles nunca ordenaron el diezmo, ya que bajo la gracia la ofrenda no se limita a ese porcentaje. Estudiemos tres pasajes clave que enseñan la actitud y el método de la ofrenda del cristiano. «Cada primer día de la semana cada uno de vosotros ponga aparte algo, según haya prosperado, guardándolo, para que cuando yo llegue no se recojan entonces ofrendas» (1 Co 16.2). Léase también 2 Corintios 8.1-5 y 9.6-8.

De estos pasajes parten los principios básicos que nos guían al poner en práctica nuestro ministerio familiar de ofrendas. En primer lugar, debemos tener un plan personal, según «cada primer día de la semana cada uno... ponga aparte algo». En nuestra familia, mi esposa y yo hemos elaborado la forma en que hacemos nuestras ofrendas. Hemos decidido el porcentaje que vamos a dar, la distribución específica a varios ministerios y personas en la obra del Señor, y la forma en que vamos a entregar la ofrenda.

Un segundo principio de nuestras ofrendas es que Dios primero quiere tenernos a nosotros mismos como ofrenda. Este es el enfoque de 2 Corintios 8.1-5. Ellos, primeramente se dieron al Señor, y luego la ofrenda. Dios no está tan interesado en el porcentaje que le regalemos como en nosotros mismos y en el porcentaje que nos queda. Usted nunca podrá ofrendar con alegría si primeramente no se ha entregado en consagración al Señor.

En tercer lugar, la actitud cristiana al ofrendar es clave. No debemos dar con tristeza, sino con alegría. Este vocablo de 2 Corintios 9.7, «alegre», se refiere al que ofrenda con gusto, con regocijo, que se desprende de sus bienes con satisfacción profunda.

Un cuarto principio enfoca el espíritu de ofrendar con generosidad, porque «el que siembra escasamente, también segará escasamente» y viceversa. Esta verdad tiene gran apoyo en las palabras de Cristo en Lucas 6.38: «Dad y se os dará; medida buena, apretada, remecida y rebosando darán en vuestro regazo; porque con la misma medida con que medís, os volverán a medir.»

Finalmente, estos pasajes nos enseñan que Dios cuida de sus dadores, y les multiplica personalmente bendiciones para su vida. Algo curioso sucede en familias que ponen en el primer renglón de su presupuesto las ofrendas al Señor. Pareciera, a veces, que no van a poder cumplir con sus otros compromisos, pero en formas casi misteriosas, Dios provee. En muchos casos, hay

> *Da de acuerdo con tus medios, o Dios hará que tus medios sean de acuerdo con lo que das.*
> —*John Hall*

entradas de dinero totalmente inesperadas. También he notado que los cristianos que ofrendan generosamente son objeto de la bendición de Dios, «abundando para toda buena obra». Es como que si Dios les estuviera probando en esta área, y al triunfar, Dios se encarga de abrirles los horizontes de bendición.

ELABORE SU PLAN DE OFRENDAS

Aquí ofrezco algunas sugerencias sencillas. Comiencen fijando un porcentaje de sus entradas globales para las ofrendas. Esto lo debe hacer en diálogo con su cónyuge. Y si uno de los dos sugiere un porcentaje más alto, ¿por qué no utilizar esa cifra como reto a su fe? ¿Cuál debe ser el porcentaje? Bueno, si 10% en el Antiguo Testamento era la base, tal vez podríamos comenzar allí, pero si no quieren ser legalistas, empiecen con 11%.

Después, decidan cómo lo van a distribuir. Muchos ofrendarán semanalmente, otros quincenalmente, y otros mensualmente. Lo mejor es ofrendar conforme al sistema de pagos, y hacerlo lo antes posible después de recibir el salario.

Involucren a toda la familia en el plan de ofrendas. Si hay niños que estudian y pueden entender, explíquenles el plan familiar de ofrendas. Así aprenderán de sus padres, y de sus propios fondos pueden, también, comenzar a ofrendar.

A medida que Dios les prospere, aumenten el porcentaje de sus ofrendas. Recuerden las palabras del evangelista Juan Wesley: «Adquiera todo lo que pueda. Ahorre todo lo que pueda. Regale todo lo que pueda.»

Finalmente, no haga alarde de su plan de ofrendas. Generalmente, hay que sospechar del hermano que anuncia su gran plan de ofrendas y de la manera en que Dios lo ha bendecido. Si ha de compartir este tema con otros, hágalo en privado y en confianza.

NOTA ACLARATORIA

Sin ningún ánimo de contradecir los conceptos vertidos por Taylor, vale la pena consignar, sin embargo, dos aclaraciones importantes. Primera, no todos los teólogos sostienen que el diezmo no es una obligación para el cristiano hoy. Las razones son varias, pero entre otras, se señalan las siguientes: el Nuevo Testamento, aunque no tenga un mandamiento específico que diga: «El cristiano tiene que dar el diezmo mensualmente», sí tiene elementos que muestran su vigencia. Por ejemplo, Jesús mismo, cuando reprocha a los fariseos de legalismo e hipocresía, les dice: *«¡Ay de vosotros, escribas y fariseos, hipócritas! porque diezmáis la menta y el eneldo y el comino, y dejáis lo más importante de la ley: la justicia, la misericordia y la fe. Esto era necesario hacer, sin dejar de hacer aquello».* Es decir, la justicia, la misericordia y la fe no anulan la responsabilidad y el deber de dar los diezmos. Pablo, por su parte, dice en 1 Corintios 9.13 y 14 que los que sirven en las cosas sagradas comen del templo y los que sirven al altar, es decir, los sacerdotes, participan del altar. Por lo tanto él saca como conclusión que los que anuncian el Evangelio tienen derecho a vivir del Evangelio. Un comentarista nos dice que «al examinar de nuevo Números 18.21 se verá cuál es el pensamiento de Pablo. Afirma que si los levitas vivieron de los diezmos, los predicadores deben vivir de igual manera de los diezmos de los miembros de las iglesias». Esa verdad parece estar implícita en el uso que hace Pablo del pasaje de Números.

En síntesis, aunque el diezmo no esté indicado como mandamiento explícito en el Nuevo Testamento, parece estar implícito en los textos citados. Y con ello parece coincidir el propio Taylor cuando nos invita —para no ser legalistas— a empezar a dar el 11% como si dijera: «Descontando el diezmo como base sobre la cual ni hay que discutir». Finalmente, uno podría preguntarse si aquello de robar a Dios en los diezmos y ofrendas señalado en Malaquías 3.8-10 acaso no tendrá alguna aplicación, aunque ahora estemos en la economía de la gracia. Es para pensarlo ¿verdad?

capítulo 8

NOVIOS, SOLTEROS, ANCIANOS Y SEPARADOS

En este capítulo trataremos brevemente varios asuntos —todos muy importantes— pero secundarios a nuestro tema principal de la familia. Los mencionamos precisamente por su relación estrecha, ya que a todos de una manera u otra, nos toca vivirlos. Esperamos que estos breves toques despierten el interés de buscar respuestas completas a temas bastante complicados.

En este estudio
1. Descubriremos la importancia del noviazgo.
2. Refutaremos los argumentos que permiten las relaciones prematrimoniales.
3. Conoceremos el mundo del soltero.
4. Haremos un estudio sobre la ancianidad.
5. Describiremos la condición psicológica y espiritual de los divorciados y separados.

EL DULCE TIEMPO DEL NOVIAZGO

Alberto F. Roldán

¿Qué es el noviazgo? ¿Qué significa «estar de novio»? Podríamos decir que el noviazgo es, en nuestra cultura, la etapa en la cual un hombre y una mujer establecen una amistad única y exclusiva basada en el amor y con fines de culminar en matrimonio. Y decimos que esto es en nuestra cultura occidental y latinoamericana, porque en otras, como la cultura bíblica, se observa otro cuadro. Muchas veces, eran los mismos padres los que elegían novia para sus hijos. Recuérdese el caso del siervo de Abraham que tuvo que buscar esposa para Isaac (Gn 24). Tal vez si aplicáramos este mismo método hoy, nos ahorraría algunos contratiempos ¡aunque bien podría producir otros!

EL SURGIMIENTO DEL NOVIAZGO

En términos generales, el noviazgo surge dentro de un contexto de amistad. En efecto, salvo casos excepcionales, un joven y una muchacha se hacen novios luego de una etapa de amistad general que se va haciendo cada vez más estrecha y exclusiva. Capper y Williams lo ilustran con la figura geométrica de un cono invertido. Dicen:

«Imaginémonos un cono invertido, y supongamos que la base superior represente los planos superficiales de nuestra personalidad, y que la angostura gradual sea la profundidad variable de éstos. Sobre la superficie entonces, y afectando un sector muy pequeño de nuestra vida, tenemos el lugar para nuestros numerosos amigos, por ejemplo los compañeros del colegio o de la universidad. Nosotros y ellos podemos ignorar totalmente lo que sucede en los hogares respectivos o en la intimidad de las vidas de unos y otros. Pero, al descender más y más en el cono, tocamos zonas más profundas de nuestra propia personalidad, y esta parte la compartimos con un número menor de personas porque es el círculo interior de nuestra vida. Con estos amigos tenemos muchas cosas en común. Damos y recibimos mucho más en este nivel que en los anteriores. Finalmente, en el vértice, no hay lugar más que para uno, y ésta es la relación exclusiva: aquí nos encontramos en el centro y en la profundidad de nosotros mismos. Aquí todo tiene que ser conocido, participado y gozado mutuamente» (Sexo y Matrimonio, pp. 16-17).

Quizás veamos más claros estos conceptos en una gráfica:

4. NOVIOS

3. AMISTAD ESPECIAL

2. AMISTAD

1. COMPAÑERISMO GENERAL

El cuadro muestra diferentes niveles de relaciones interpersonales, en cada uno de los cuales hay —gradualmente— mayor intimidad y compromiso. De un compañerismo meramente circunstancial se pasa a la amistad y de ella a cierta amistad especial que deriva en el noviazgo. Este último tiene como aspecto distintivo el propósito de culminar en el matrimonio.

La motivación fundamental de hacernos novios debe ser el amor en todas sus dimensiones. El amor en términos de afecto profundo, emoción, sentimiento, atracción sexual, pero también entrega y servicio a la persona amada. Debemos aclarar aquí que el verdadero amor no necesariamente es sinónimo del pasajero enamoramiento de una persona. En la etapa de la adolescencia y la juventud es propio sentirnos enamorados muy a menudo. Hay dentro de nosotros tal caudal de afectividad, que, si no nos controlamos, es posible que lleguemos a «declarar el amor» a más de una persona en corto lapso. Y como bien señaló C.S. Lewis: «Creo que es posible enamorarse de una persona y estar hastiada de ella diez semanas más tarde.»

Pero ¿de quién debemos enamorarnos y así concertar nuestro noviazgo? Le anticipo que la Biblia no proporciona el nombre de su futuro cónyuge. Y, además, es difícil que Dios envíe un ángel del cielo para indicárselo. Afortunadamente —o no— esa elección está en sus manos. Creo que la única cláusula que la Biblia le señala es esta: *«Libre para casarse con quien quiera, con tal de que sea un creyente»* (1 Co 7.39, *Dios Habla Hoy*). Es decir, el mínimo no negociable es que la persona que usted elige para que sea su esposo o esposa sea creyente. Eso —claro está— siempre y cuando se encare el noviazgo con la seriedad que corresponde: como una etapa que, aunque exploratoria, se espera que culmine en el altar. Y en esto tenemos que ser muy claros. Hay quienes especulan pensando que si aman a alguien que no es cristiano, eso no importa mucho, porque el Señor es tan bueno que después de un tiempo «lo puede convertir». Quiero decirle que he conocido muchos casos en que en efecto ocurre una «conversión», pero es la del creyente al mundo. Fatalmente, el cristiano —acaso por decadencia espiritual— termina por seguir los pasos del cónyuge no cristiano.

Debo admitir que también hay casos en los cuales el no cristiano llega a ser creyente. Pero ¡no abusemos de la misericordia del Señor, ni utilicemos una situación para anular sus principios! Mi consejo es que, si se siente enamorado de alguien que no es cristiano, ore mucho al Señor para que le ayude a no ser desobediente a su palabra y ore por la conversión de tal persona. Otra cosa: no establezca ningún compromiso hasta que tal persona realmente haya reconocido el señorío de Jesucristo sobre su vida. Así, sin ninguna duda, recibirá bendición del Señor.

¿PARA QUÉ SIRVE EL NOVIAZGO?

Debemos desechar la idea de que el noviazgo es un entretenimiento o un pasatiempo. Quien así piense pone en serio peligro la estabilidad emocional de sí mismo y de la persona que dice amar. El amor es un sentimiento sublime, hermoso, no algo con lo cual podamos jugar desaprensivamente. Es algo delicado que hay que proteger. El noviazgo es un tiempo de exploración, en el sentido de mutuo conocimiento intelectual (cómo piensa ella o él), afectivo (aprender los códigos de las formas en que amo y soy amado), emocional (qué cosas le gustan y qué cosas le disgustan), y espiritual (qué planes tiene mi compañero o compañera en cuanto al servicio del Señor).

Antes, nos referimos al amor en sus múltiples facetas. El amor de los novios no debe ser un amor puro y exclusivamente emocional y erótico. Pero tampoco debe ser un amor «platónico» en el cual esté ausente la dimensión romántica y erótica. Por las dudas, aclaremos que no hay nada malo en el *eros* como dimensión del amor, siempre y cuando esté complementado por el amor *ágape* (palabra griega que generalmente usa el Nuevo Testamento para referirse al amor de Dios). Lewis Smedes lo expresa

No es recomendable que el joven se apure en declarársele a una señorita con el fin de hacerla su novia si antes no ha habido un período de observación amistosa que les haya permitido conocerse bien.

admirablemente cuando escribe: «El amor cristiano no suplanta al amor sexual; el *ágape* no suplanta al *eros* y no hay necesidad de recurrir a razones teológicas para afirmarlo, excepto para recordarnos a nosotros mismos que el Dios del amor salvador es el mismo que nos creó hombre y mujer... No podemos dividir la vida en compartimientos aislados. No podemos amar con diferentes longitudes de ondas; una para el *ágape* y otra para el *eros*. Somos tan sólo personas que amamos» (*Sexología para cristianos*, pp. 103 y 104).

Aplicado a nuestro tema, la idea es que deben darse en la relación de novios las diferentes dimensiones del amor. Un amor que sólo sea atracción física y sexual no daría mucha garantía de un matrimonio feliz en el futuro. Pero tampoco lo daría el hecho de tener un amor «demasiado fraternal» y tan «espiritual» que no sentimos ninguna atracción sexual hacia la persona que decimos amar.

LA SEXUALIDAD EN EL NOVIAZGO

Por supuesto, una de las cuestiones clave en la relación del noviazgo es la sexualidad y sus expresiones. Estamos totalmente de acuerdo con el Prof. Manfred Bluthardt cuando señala que «el noviazgo es un tiempo de experimentación erótica, que debe desarrollarse bajo control y con miras a una unión completa en el marco más adecuado del matrimonio» (*Ética 1*, p. 237). Que es necesario el control mutuo en cuanto a lo sexual es tan claro que no necesita ser demostrado. Si amamos a la persona con la cual queremos casarnos, ello implica el deseo sexual. Este no se despierta de un profundo sueño cuando nos entregan la libreta de matrimonio o cuando el pastor dice «los declaro marido y mujer». Surge en los primeros contactos y se va profundizando con el correr del tiempo. El Dr. Taylor lo presenta en el siguiente gráfico:

Cada una de estas etapas o estadios de la relación de amor comporta sus riesgos y compromisos. En las primeras etapas no hay mayor peligro. Ir caminando del brazo o tomados de la mano —¡Y qué hermoso que es!— es una forma de comunicarnos el amor puro y hermoso que nos une. De allí, fácilmente se pasa a las caricias y a ciertos besos iniciales. Pero cuando llegamos a la etapa de los abrazos y besos íntimos y prolongados, entramos en la zona que llamaríamos de «alerta amarillo». Hay cierto peligro. Y ni hablar de la etapa precoito, en la cual, sin dudas, nos encontramos en «alerta rojo» y donde con muchísima dificultad se puede volver para atrás. Casi es una zona de «no retorno». Por tal razón es que aconsejamos no llegar a esa etapa.

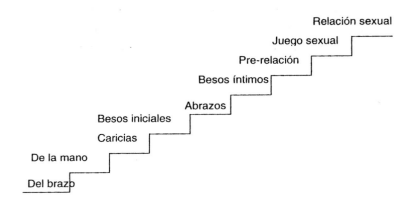

Con esto, inevitablemente, llegamos al tema más candente: ¿Son legítimas las relaciones sexuales prematrimoniales? Tristemente, debemos decir que no faltan algunos autores «cristianos» que —aunque no las favorezcan o alienten— las admiten. Sostienen que el tipo de sociedad en la que vivimos nos exige ser flexibles en este terreno, poniendo como condiciones básicamente tres: si los novios son personas maduras, si se aman verdaderamente, y si tienen el firme propósito de casarse. Pero ¿representa este tipo de «solución» una perspectiva realmente cristiana y orientada por la palabra de Dios? Analicemos los argumentos que favorecen las relaciones sexuales antes del matrimonio.

Argumento A: Un amor pleno entre un chico y una chica tiene derecho a su expresión máxima en la relación sexual.

Respuesta: Es cierto que el amor pleno tiene derecho a expresarse totalmente, pero cuando y donde corresponda y no en cualquier etapa de la vida romántica. Para expresarlo en términos de Acha Irizar:

«Que el amor pleno esté pidiendo una entrega total, parece avalar más bien lo contrario de lo que intentan defender muchos. Y esto porque sólo un compromiso serio y permanente se realiza socialmente y de hecho dentro del matrimonio, ya que siempre queda el volverse atrás de un compromiso que no está sellado definitivamente» (*Ética y Moral*, p. 111).

Argumento B: «Todo el mundo lo hace.»

Respuesta: Primero y principal, que tal afirmación es una falacia. Sí, es cierto que un gran porcentaje de nuestra sociedad practica las relaciones prematrimoniales. Ello, no solo por el tipo de sociedad en que vivimos, que alimenta y fomenta las relaciones sexuales hasta el punto de que el sexo y el coito ya no parecen revestir ningún aspecto de misterio, sino que también el progreso de la medicina y la diversidad de anticonceptivos hace que los jóvenes de hoy puedan practicar su sexualidad sin mayores peligros externos. Pero que una mayoría de la sociedad lo practique ¿qué hay con ello? Como magníficamente lo dice Trobisch: «Aunque las estadísticas fuesen correctas y un gran porcentaje de jóvenes tuviese relaciones prematrimoniales, ¿qué hay con eso? ¿Desde cuándo nos gobiernan a los cristianos las estadísticas? ¿desde cuándo nos dejamos dirigir por lo que hace la mayoría?» (op. cit. p. 51).

En vista de que el noviazgo es un paso hacia el matrimonio, el joven debe pensar en lo siguiente:
1. *Las creencias religiosas de su novia.*
2. *La edad de ambos.*
3. *Sus planes.*
4. *Sus familias.*

Argumento C: «Nos amamos y ya tenemos fecha para casarnos.»

Respuesta: El amor verdadero «todo lo espera». El amor verdadero piensa en el bien del amado. Generalmente, dado el carácter machista de nuestra sociedad, aparece como más grave la relación sexual prematrimonial de la mujer y no tanto la del hombre. Lo cierto es que ante la sociedad, una mujer que queda embarazada antes de casarse queda como «marcada para siempre», como «la pecadora». Lo que queremos decir con esto es que aun la fecha para casarse no es garantía ninguna ni puede anular el hecho de que las relaciones prematrimoniales sigan siendo incorrectas.

Pero a todo esto ¿qué dice la Biblia? No hay duda de que la palabra de Dios condena las relaciones sexuales fuera del matrimonio. Básicamente, hay dos formas que adquiere la relación sexual fuera de ese marco: adulterio y fornicación. Ese pecado adquiere la carátula de «adulterio», cuando es cometido por personas casadas. Es «fornicación» cuando se concreta por personas solteras. En Hebreos 13.4 leemos: «Honroso sea en todos el matrimonio, y el lecho sin mancilla; pero a los fornicarios y a los adúlteros los juzgará Dios» (Véanse también 1 Co 6.9; Gál 5.19; Ef 5.5).

Para finalizar, afirmamos que el noviazgo es una de las más dulces etapas de nuestra vida. Una época primaveral de romance, emoción y ternura. Si novio y novia se aman con amor sincero, si armonizan entre ellos, si tienen proyectos en común y, sobre todo, si creen que están dentro de la voluntad del Señor, deben culminar en matrimonio. Pero cuidado con los peligros que acechan esta relación. Sobre todo, cuidado con que nuestra pasión descontrolada nos lleve a arruinar nuestro presente y nuestro futuro. Reservemos como premio a nuestra espera la relación más íntima que un hombre y una mujer pueden llegar a tener. La relación en la cual ante Dios y los hombres nos unimos para ser una sola carne. Si la sociedad de hoy dice lo contrario, ello no debe sorprendernos, toda vez que, como decía Dietrich Bonhoeffer: «Sólo lo extraordinario es esencialmente cristiano.»

EL MUNDO DEL SOLTERO

Alberto F. Roldán

«**P**obre, solterona te has quedado, sin ilusión, sin fe...» ¿Es así? ¿Es éste el sentimiento de una mujer soltera? Ciertamente, en muchos casos, las emociones y sentimientos de una persona que no ha podido formar un hogar son negativas. Pero no siempre es así y, además, no debiera ser así.

Nuestra perspectiva evangélica, con su fuerte y sano énfasis en la familia, ha dejado de lado —acaso por negligencia o falta de equilibrio— el mundo del soltero. Es decir, los pensamientos, sentimientos, emociones y estilo de vida del soltero. Es hora de que lo analicemos con realismo, aunque sin pretensiones de agotar el tema.

NO HAY NADA MALO EN PERMANECER SOLTERO

Es importante esta afirmación inicial. Aunque es cierto que la condición más habitual de la persona humana es el matrimonio, también es cierto que una persona puede, legítimamente, optar por no casarse. En 1 Corintios 7 Pablo desarrolla el tema que en nuestras Biblias es titulado: «Problemas del matrimonio». Uno quisiera ver otro título más positivo. Acaso: «Delicias del matrimonio». Pero no es así.

Ciertamente, a raíz de ciertas circunstancias que vivía tanto el apóstol Pablo como la comunidad de Corinto en esa época, la óptica del apóstol acerca del matrimonio aparece teñida de cierto negativismo. Casi insinúa que el matrimonio es como «un mal necesario». Al hombre «le sería bueno no tomar mujer», aconseja Pablo. Para agregar: «Pero a causa de las fornicaciones, cada uno tenga su propia mujer, y cada una tenga su propio marido» (vv. 1 y

2). Más adelante añade: «Digo, pues, a los solteros y a las viudas, que bueno les fuera quedarse como yo» (v. 8).

La soltería, como vemos, es algo bueno y aconsejable en algunas circunstancias. No hay nada de malo en una condición así. En el contexto, Pablo da una pauta de por qué la soltería puede ser algo positivo: Mientras el casado y la casada se ocupan de cómo agradar a su cónyuge, el soltero y la soltera se ocupan plenamente de las cosas del Señor (vv. 32-34). Pero para que no haya malos entendidos, el apóstol dice luego que todos estos consejos son dados para provecho y bendición de sus lectores, no para tenderles un lazo o prohibirles el contraer matrimonio. En síntesis, hay una libertad cristiana que debemos ejercer: decidir casarnos o quedarnos sin casar.

El celibato no es algo malo; puede ser algo sumamente positivo si su motivación es servir al Señor con mayor dedicación. Además, se torna en algo pernicioso cuando es impuesto. La primera actitud que debemos tomar quienes somos casados hacia el hermano soltero y la hermana soltera es considerarlos como lo que son: personas en Cristo, hermanos en la fe, con los mismos derechos y prerrogativas. De ninguna manera ciudadanos de segunda clase.

SENTIMIENTOS DEL SOLTERO

Debemos admitir que no siempre el soltero lo es por un acto volitivo. Muchas veces su soltería se debe a fracasos en el noviazgo, perspectivas no alcanzadas o pretensiones demasiado altas. En esos casos, ¿cómo se siente una persona soltera?

Algunos de los sentimientos más comunes son: Primeramente, la autoconmiseración. La persona desarrolla un sentimiento de lástima por sí misma. Un sentimiento de inferioridad respecto a amigos o amigas que lograron formalizar un matrimonio. Y el sentimiento de autoconmiseración es madre de la depresión.

163

En segundo lugar, la persona soltera puede caer en resentimiento. Desarrolla un supuesto erróneo por el cual cree que circunstancias externas lo han privado de la posibilidad de contraer enlace: «El sujeto advierte que la meta sería alcanzable si no fuera por impedimentos fuera de sí mismo. En ese caso la emoción primaria problemática es el resentimiento» (Lawrence J. Crabb). La idea subyacente en la mente de tal persona es: «Si no fuera porque Juan se interpuso en mi camino, hoy estaría casado con ella». Ese resentimiento que, como tal, le hace revivir situaciones desagradables, no lo deja tranquilo. No le permite asumir su soltería positivamente.

Una tercera forma de sentimientos es la envidia:

> «Entre la autoconmiseración y la envidia no hay gran techo. La envidia ataca tan sutilmente que antes que nos demos cuenta de ella, ya ha llegado. Prejuzgamos y nos es difícil desear felicidad a otros. Las nuevas de un compromiso nos causan las angustias de la desilusión. Esperamos no encontrarnos con la nueva pareja. El pensar en su felicidad nos tortura» (Capper y Williams).

UN ESTIGMA QUE VA DISMINUYENDO

Afortunadamente, parece que en las últimas décadas el viejo estigma que rodea al mundo del soltero, va disminuyendo. Es lo que señala Ada Lum: «Hoy en día, en casi todas las ciudades modernas del mundo, encontramos cada vez más hombres y mujeres solteros que desarrollan sus propios estilos de vida no tradicionales. ¿Qué factores han hecho fructificar esta nueva sociedad aun en el Tercer Mundo? Educación más amplia, mayor libertad personal y tolerancia social, carreras más variadas, independencia financiera, contactos cosmopolitas, viajes, medios masivos de comunicación alientan a los jóvenes a posponer su matrimonio» (*Soltera y Humana*, p. 11).

No siempre, sin embargo, esos «nuevos vientos» de libertad y tolerancia llegan al seno de las iglesias. Aferradas a tradicionalismos, a veces, las comunidades eclesiales continúan tratando a las personas encasillándolas en categorías fijas e inamovibles. Es hora de que abandonemos las etiquetas y tratemos a los solteros en un plano y acercamiento de total igualdad que los casados. Precisamente, ¿qué puede hacer la comunidad de fe?

RESPONSABILIDAD DE LA IGLESIA

Básicamente, la Iglesia debe cumplir con dos cometidos: Primero, debe desarrollar simpatía y cordial acercamiento hacia los solteros. Así como se interesa por los matrimonios y las familias, también debe interesarse por la vida, el crecimiento espiritual y el desarrollo personal de los solteros. En segundo lugar, debe crear programas para ellos y capacitar personas que los desarrollen. «Tales programas deben comprender acontecimientos sociales animados, mesas redondas sobre temas importantes y oportunidades para el servicio» (Gary Collins, *Hombre en transición*, p. 140).

ASUMIENDO LA SOLTERÍA

Pero el camino hacia la recuperación anímica y espiritual del soltero tiene dos vías. Por un lado, como hemos visto, está la responsabilidad de la Iglesia. Por otro lado, está la responsabilidad del propio soltero. En este sentido, hay dos cosas fundamentales que señalar. Una, es que el soltero debe aceptar su soltería como parte del plan de Dios para su vida. Un plan con muchos misterios que, acaso, nunca podrá descifrarse del todo en esta tierra. Debe tomar su soltería como una posibilidad real de desarrollo y oportunidades únicas. «Si en el plan amoroso de Dios para ti hay planificada una etapa de soltería, no hay ni que alargarla ni que acortarla; hay que vivirla intensamente en todas sus posibilidades» (Ángela de

> *La juventud es la oportunidad de hacer algo y de llegar a ser alguien.*
> —T.T. Munger

Donamaría, «La sintomatología del soltero»). Otro de los consejos es buscar formas adecuadas de acción y servicio.

El matrimonio, aunque es una institución divinamente ordenada y el estado habitual del cristiano, no es en sí mismo una panacea. Hay quienes están casados y viven frustrados y darían cualquier cosa para desligarse. Por lo tanto, es bueno que el soltero utilice su soltería para dedicarse a una intensa acción de servicio en bien del prójimo, dentro y fuera de la Iglesia. Ello, indirectamente, le permitirá superar sus pensamientos negativos, de autoconmiseración, de resentimiento y frustración. En otros términos, debe aprender a vivir aquel axioma de San Pablo: «A todo puedo hacerle frente, pues Cristo es quien me sostiene» (Fil 4.13, *Dios Habla Hoy*).

MADRES SOLTERAS

Clyde M. Narramore

En la mayoría de las sociedades modernas el número de madres solteras crece mucho más que el aumento de población. El problema atañe a todos los niveles de la sociedad y afecta a jóvenes de familias ricas y prominentes tanto como a las de ingresos medianos o bajos. Los problemas relacionados con las madres solteras han llegado a la atención de muchas instituciones. Iglesias, agencias sociales de la comunidad y organismos estatales, dedican actualmente considerable atención a las jóvenes que dan a luz fuera del matrimonio.

ETIOLOGÍA

El estudio de las jóvenes que han tenido hijos sin ser casadas, revela diversas causas de su conducta. Algunas de estas causas son evidentes, pero otras son más sutiles. Muchas de esas jóvenes proceden así por razones que en realidad no comprenden.

Todo el mundo desea amar y ser amado. Si la joven no recibe de sus padres la atención y aceptación adecuadas, puede que busque afecto mediante relaciones ilícitas. Hay hogares en los que nunca se ha enseñado a las jóvenes códigos y normas morales apropiados. En consecuencia, poca o ninguna es su convicción respecto a la moral.

En el hogar cristiano, la raíz puede estar en la falta de genuina espiritualidad. El poder para dominar el impulso sexual se fortalece con una vida dedicada a Cristo. Cuando la joven no se ha entregado a Cristo, la tentación de una relación amorosa ilícita puede resultar invencible.

La presión social y el deseo de ser aceptada por sus iguales, pueden ser tan fuertes que la joven se entregue a relaciones sexuales para obtener la aprobación ajena.

El deseo de explorar y experimentar puede llevar a la joven a participar en relaciones premaritales. Esto suele relacionarse con la falta de educación sexual.

Algunos hombres, desde luego, se aprovechan de la inocencia juvenil y dejan embarazada a la joven sin pensar en casarse, ni hacerse cargo del hijo. Otras jóvenes son víctimas de violación y crueldad.

Una joven puede tener un deseo tan grande de casarse, que deliberadamente trate de quedar embarazada. Esto suele emplearse como medio para obligar a los padres que no consienten que ella se case; al verla embarazada, tienen que consentir.

Las jóvenes, a veces, confiesan que mediante su embarazo, tratan de retener a un novio y obligarlo a casarse.

La falta de metas definidas o de planes importantes para la vida, pueden hacer que la joven se entregue a relaciones sexuales antes del matrimonio.

TRATAMIENTO

Toda joven debe recibir sabia orientación de sus padres. También un orientador en la iglesia puede ayudar a la madre y al padre solteros a que comprendan su papel paterno. La deshonra de la joven no es motivo para dejar de amarla y guiarla. La Palabra de Dios enseña: «Hermanos, si alguno fuera sorprendido en alguna falta, vosotros que sois espirituales, restauradle con espíritu de mansedumbre, considerándote a ti mismo, no sea que tú también seas tentado» (Gálatas 6.1).

Debe haber una evaluación de las capacidades de la joven. Es esencial mirar más allá del embarazo y comprender a la persona para que se pueda brindar genuina atención y consejo a la madre soltera. Conviene que el orientador se plantee preguntas como: «¿Qué grado de inteligencia tiene esta joven?» «¿Qué capacidades tiene?» «¿Cuáles son sus intereses?» «¿Cuáles son sus actitudes respecto a educación?»

«¿Cómo puede ayudársele a desarrollar su potencial?» «¿Qué clase de trabajo sería apropiado para ella dentro de cinco, diez o veinte años?»

También debe haber un examen del ajuste de personalidad y autocomprensión de la joven. Las investigaciones respecto a madres solteras demuestran que las jóvenes están menos expuestas a problemas de esta clase si tienen un buen ambiente hogareño y si ellas son bien equilibradas. En la mayoría de los casos, las jóvenes que resultan encinta están gravemente desequilibradas. De modo que para comprender las necesidades de ellas, hay que aplicarles exámenes psicológicos adecuados. Estos exámenes, combinados con entrevistas, revelarán el grado y naturaleza de los trastornos emocionales que pueden haber contribuido al problema. El orientador debe dedicar varias sesiones a considerar las causas del problema y luego ayudar a la joven a inmunizarse contra la recaída, con el mínimo de temor y sentimiento de culpa.

Alguien debe ayudar para que la joven se enfrente a sus sentimientos de culpa. La mayoría de las experiencias sexuales premaritales están manchadas de remordimiento y vergüenza. La madre soltera, por lo común, sufre de graves sentimientos de culpa. Durante la orientación debe animársela a conversar francamente acerca de sus sentimientos. Ella necesita comprender que Dios perdona y que el adulterio y la fornicación no son pecados imperdonables (Jn 8.1-11 y Jn 1.9; Salmo 103.10-14; Is 1.18).

Se debe ayudar a la joven para que trace planes y cuide a su hijo. Hay madres solteras que desean tener a su hijo consigo. Si hay cómo entenderse con el padre y las condiciones son favorables, quizá lo mejor sea que se casen y se encarguen de su hijo.

Pero en muchos casos, no se encuentra al padre, o éste no quiere, o el matrimonio no sería aconsejable. Entonces es necesario planear cómo va a criarse al niño, ya sea mediante la adopción o entregándoselo a alguien en un hogar. También se debe considerar la posibilidad de matrimonio. Si la soltera va a ser madre y va a casarse con el padre del niño, suele necesitarse orientación psicológica eficaz. Varias sesiones de orientación matrimonial son esencialmente útiles. Las conversaciones deben girar en torno a:

1) Ajustes de la personalidad.
2) Cuestiones monetarias.
3) Actitudes hacia los hijos.
4) Los suegros.
5) La ética del matrimonio.
6) Compatibilidad sexual.
7) Crecimiento espiritual.

El orientador debe ser sensible al deseo que tenga la joven de hablar acerca de estas cosas. Puede que ella oculte esos deseos a todo el mundo y, sin embargo, quiera clarificar sus sentimientos con un orientador sabio que no sea miembro de su familia. Estas conversaciones le ayudarán a forjar actitudes saludables respecto a sí misma y, más específicamente, acerca del sexo y el futuro matrimonio.

EN CASA VIVE UN ANCIANO

Daniel E. Tinao

Hace unas pocas semanas, la señora Hernández (no es su nombre), miembro muy activo de nuestra iglesia, vino a consultarme sobre un problema de ansiedad. Apenas habíamos hablado unos minutos cuando me dijo:

—Mire doctor, le voy a decir la verdad. Creo que todo es por causa de mi madre que se ha puesto insoportable. Usted sabe, hace cinco años ella quedó viuda y la tuvimos que traer a vivir con nosotros. Desde entonces comenzamos a tener problemas. Comenzó malcriando a los nietos: ella era la única que podía darles de comer, la que los llevaba al parque, la que los acostaba. Cuando yo sentía que debía disciplinarlos, ella se interponía. Además, comenzó a manejarme a mí como si fuera una criatura: si salía, porque salía; si nos acostábamos tarde o íbamos a alguna parte con mi esposo, en seguida ella tenía una objeción. Al final, mi esposo se enojó y casi la echa de casa. Imagínese, tuve que defenderla... es mi madre... pero desde ese momento comenzaron los problemas con mi esposo...

Hasta aquí la entrevista, pues el propósito no es analizarla toda, sino señalar una situación que hoy se repite en miles de hogares que tienen personas ancianas en su seno. ¿Cómo tratarlas? ¿Cómo integrarlas a la vida familiar sin problemas? ¿Cómo hacer para que se sientan aceptadas y felices? ¿Cómo evitar los problemas de relación, algunas veces serios, que esta situación produce?

«En mi casa vive un anciano» puede ser dicho de varias maneras: con indiferencia, con dolor, o con alegría. Pero lo más importante es que será dicho por miles y miles más cada año.

AUMENTO DEL NÚMERO DE ANCIANOS

Como resultado de los tremendos adelantos científicos de nuestro tiempo, el promedio de vida está aumentando cada año. Se calcula que cada año hay un millón más de personas mayores de sesenta y cinco años. En América latina un diez por ciento de la población se encuentra ya por encima de esta edad. La población de los Estados Unidos se ha duplicado desde el año 1900, pero durante el mismo período el número de personas entre cuarenta y cinco y sesenta y cuatro años se ha cuadruplicado. Esta situación está preocupando seriamente hoy a psicólogos, sociólogos y todos los investigadores de ciencias sociales.

Saber cómo acercarse a la vejez es la obra maestra de la sabiduría, y una de las facetas más difíciles en el precioso arte de vivir.
—Amiel

El problema no es aumentar el promedio de vida sino transformar esos años en algo productivo, útil y feliz; hacer que ese número creciente de ancianos viva integrado en el medio familiar y social. También que la comunidad, el Estado y la Iglesia ayuden a resolver todos los problemas que esta situación representa. Hay que resolver el problema de la pérdida paulatina de familiares y amigos con el sentimiento de soledad y abandono que produce, la disminución de los ingresos por la jubilación que trae aparejada una situación de dependencia económica, la disminución del vigor físico y psíquico, y la necesidad de adaptación a nuevas situaciones y costumbres en un momento cuando se tiene la experiencia interior que los días y cambios han pasado.

ENTENDIMIENTO Y ACEPTACIÓN

En primer lugar, debemos entender que hay profundos cambios físicos que condicionan cambios psicológicos y de carácter.

Las fuerzas disminuyen y también la agudeza de los sentidos y la capacidad de reacción del sistema nervioso. Y esto sin mediar ninguna enfermedad, sino por el proceso normal de envejecimiento. Esto hace que la persona anciana deba moderar sus actividades en todos los órdenes. Pero aun más que moderar, «simplificar». La palabra «simplificación» sintetiza un poco lo que el anciano necesita: hacer simples las cosas para que él no tenga problemas. No debemos someter a los ancianos a presiones que estén por encima de su capacidad física o mental. No debemos cargar su memoria para que tengan que aprender cosas nuevas o recordar hechos pasados. Debemos tener en cuenta que lo que más se deteriora con la edad es la memoria. Debemos disimular olvidos, torpezas, errores que se producen sencillamente por la disminución normal de la capacidad física y mental. Una buena alimentación, descanso adecuado, y una vida tranquila evitarán tensión y molestias innecesarias.

En segundo lugar, la persona mayor tiene poca capacidad para absorber cambios y adaptarse a nuevas situaciones. Algunas veces, una persona mayor queda sola y debe ir a vivir con un hijo u otro familiar. Allí comienza un proceso de adaptación que le resulta extraño y difícil. Es muy posible que cosas a las cuales estaba acostumbrado, ahora le sean prohibidas. A la vez se le impongan costumbres, formas nuevas de vida que en el fondo el anciano no entiende y, por tanto, resiste. Debemos saber que la personalidad ha cristalizado a los sesenta y cinco años. Muchos de los problemas con los ancianos vienen porque queremos cambiarlos a una edad cuando ya no pueden cambiar.

En tercer lugar, el anciano va quedando paulatinamente postergado. En un tiempo era el jefe de la familia, dirigía la casa, tenía invitados, disponía, no solamente de su vida y de sus cosas, sino también del hogar. Gozaba de mayor seguridad económica y podía darse muchos gustos. Además, muchos de sus amigos han fallecido, otros se han ido y ahora es más difícil hacer nuevos amigos, de manera que el círculo de las amistades se les ha reducido mucho. Todo esto trae aparejados sentimientos de soledad, depresión y tristeza. Algunas veces, todo esto causa que se expresan quejas y recriminaciones. Otras veces, en cambios de carácter.

El anciano se molesta con facilidad, se pone caprichoso, quiere ejercer autoridad, se siente incomprendido, fracasado. Se aferra desmedidamente a ciertos objetos para compensar en algo su falta de seguridad. En su libro, «El coraje de vivir», Paul Tillich dice que «la ansiedad básica del anciano es la amenaza de dejar de ser alguien para transformarse en un objeto al que sólo se le permite mirar que la mayoría de los ideales de su juventud no se han realizado».

AMOR Y COMPRENSIÓN

Hay un adagio que dice: «Trata a tus padres como quisieras que te traten tus hijos». Dentro de la tradición judeocristiana se insiste mucho en el respeto y el cuidado de los ancianos. Nuestra fe se purifica y se acrisola cuando cuidamos con amor a quienes debemos, no solamente la vida, sino, con frecuencia, gran parte de lo que somos.

Durante unos cuantos años nosotros dependimos de los que ahora son ancianos. Fuimos caprichosos, torpes, injustos y, a veces, demasiado exigentes. Hicimos cosas que no debíamos, pero nuestros padres supieron perdonarnos y soportarnos con amor. Tuvieron paciencia porque entendían que éramos niños. Ahora hemos crecido en todo sentido... también en comprensión. Puede ser que ahora nuestro padre o nuestra madre necesiten comprensión de nosotros. Tal vez hoy ellos hacen algo parecido a lo que nosotros hicimos antaño, no porque quieran, ni para molestarnos, sino porque ¡son ancianos! Sepamos comprenderlos y amarlos.

¿CÓMO AYUDAR A LOS DIVORCIADOS O SEPARADOS?

Randall Wittig[2]

Hablar de separación y divorcio no es una cuestión meramente académica y teológica. La gran pregunta es: ¿Cómo ayudar a los que han sufrido el fracaso de sus matrimonios? ¿Cómo podemos ayudarlos personalmente con sus sentimientos de culpa, resentimiento, fracaso personal y pérdida de la persona que aman?

Cada caso debe ser tratado como único. En el pasado, generalmente, eran los hombres los que abandonaban a sus mujeres. Hoy en día se está revirtiendo; hay una ola creciente de mujeres que dejan a sus esposos.

LA CRISIS

Existen algunos puntos vitales para poder ayudar al que está pasando por el momento de la separación:

A) Es un momento de apertura espiritual. He tenido el privilegio de llevar a varios no creyentes a los pies de Cristo cuando están pasando por la crisis. Necesitan compasión, no ser juzgados o condenados.

B) Se debe encarar el sentido de culpa. La mayoría comienza a pensar en todas las cosas que hizo mal. «Si hubiera esto... o aquello».

Es importante escuchar a la persona y dejar que se exprese para poder ayudarla a discernir cuáles son sus culpas verdaderas y cuáles no. Aquellas culpas que son verdaderas necesitan ser confesadas a Dios y, cuando es posible, al cónyuge. Pero hay otras áreas en que las acusaciones son falsas, sin sentido, y que sólo llevan a la depresión y a la desesperación.

C) El divorcio lleva a un sentido de fracaso. En la mayoría de los casos, no hay un fracaso que una persona sienta más profundamente que el del matrimonio. Piensan: «Si la persona que más amé me rechaza y me abandona, ¿qué me queda? Si la persona que mejor me conoció no encontró en mí nada que fuera digno de ser valorado, ¿qué valor tengo?»

Esto ocurre especialmente con la mujer cuya única meta en la vida era casarse y tener una familia. Siente que ha fracasado completamente. ¡Su mundo se ha venido abajo! Se siente inútil, sin esperanzas de tener éxito en algo. Debemos ayudar a la persona a ver que la separación no significa que, necesariamente, sea una fracasada. Además, puede que no haya sido ella la que fracasó, sino su cónyuge. Y, más que todo, Dios es poderoso para obrar y hacer que, en su plan perfecto, cualquier persona sea de valor si está dispuesta a acercarse a Él.

D) El deseo natural de negociación presenta una etapa peligrosa. La mayoría de las personas pasan por una etapa de negociación, en que están dispuestas a negociar con Dios, con el diablo o con su cónyuge, si sólo pudieran recuperar la pareja. Necesitamos ayudar a las personas a no negociar, sino a encarar los problemas reales con responsabilidad y madurez. Los problemas deben ser resueltos, no cubiertos con promesas y negociaciones.

E) Luego, hay que vencer el resentimiento y la ira. Generalmente, llega esa etapa en que la persona pasa todo el tiempo fijándose en qué formas fue herida, defraudada o engañada. La persona «resiente» (siente de nuevo, hace pasar varias veces por su cabeza) todos los dolores, heridas, y ofensas. Tiende a sentirse víctima de grandes injusticias. Muchas veces esto se expresa a través de ira y agresividad hacia su cónyuge y personas del sexo opuesto. Necesitamos ayudar a la persona a reconocer los daños reales, y enseñarle a perdonar con la gracia de Dios y seguir pensando en ellos.

F) También está la etapa de ira contra sí mismo. En muchas ocasiones la persona se enoja consigo misma porque fue «tan tonta como para casarse con él/ella», o porque no escuchó la recomendación de sus padres o de otros. La persona se echa tierra encima, cosa que nunca ayuda a nadie. Debemos ayudarla a perdonarse a sí misma y a aprender de la situación.

ADAPTACIÓN A LA NUEVA CONDICIÓN

Después de que la persona ha salido de la crisis, comienza una nueva etapa en la que deberá enfrentar muchos problemas nuevos.

> *Hay pocos éxitos fáciles y fracasos definitivos.*
> —Marcel Proust

1) El problema social. La persona encuentra que está marginada socialmente. En primer lugar enfrenta una crisis de identidad social: «¿Quién soy? ¿Con quién puedo estar?» Ya no es soltera. Ha vivido otras experiencias. Probablemente tenga hijos y no pueda participar en las actividades de los solteros. Muchas mujeres le tienen miedo a «la separada». Temen que les robe su esposo. Por otra parte, y lamentablemente, algunos ven en la persona separada alguien fácil de engañar y usar en el plano sexual. Ahora, esas presiones, codicias y tentaciones se multiplican.

2) El problema de los hijos. Con la separación viene la lucha por el afecto y la lealtad de los hijos. Los hijos se sienten como tirados por dos sogas. Ellos aman a los dos, pero cada uno tiende a hablar mal del otro para ponerlos de su lado. Es importante que el pastor hable con los dos padres y les recomiende que, por amor a los niños, no los conviertan en víctimas ni los utilicen como armas

en su batalla. La mejor forma de hacerlo es que los dos padres, juntos, llamen a los niños y les digan algo así: «Mamá y papá quieren que ustedes sepan cuánto los queremos los dos. Realmente los amamos mucho y han sido de mucha bendición para nosotros. También deseamos informarles que estamos teniendo problemas entre nosotros dos y que no estamos resolviéndolos. Por eso, lamentablemente, hemos decidido separarnos. Pero queremos que sepan que no ha sido, en ninguna forma, por culpa de ustedes sino nuestra.»

3) El problema con el círculo familiar. Es común que uno de los dos deba volver a la casa de los padres. En ocasiones los dos deben hacerlo. También surgen muchos conflictos de autoridad sobre la crianza de los nietos.

4) El problema de ser madre o padre solo. Es trabajo de dos criar niños. Pronto la persona separada se encuentra con la gran dificultad que significa ser padre solo/a. Si no es fácil para dos, menos lo será para uno solo; aquí es donde la familia de la iglesia necesita ser pronta para ayudar en todo lo que sea posible.

5) El problema financiero. La mayoría de las parejas, cuando se separan, no se dan cuenta de todas las complicaciones que se ocasionan. Una de ellas es la del aspecto financiero. Generalmente, la mujer tiene que volver a trabajar largas horas. ¿Qué pasa con los chicos? ¿Quién los cuida? ¿Quién los va a buscar a la escuela? La mayoría de los hombres no pasa el subsidio decretado por el juez en la separación.

6) La batalla legal. Rara vez la separación legal no termina en una batalla en la que uno de los esposos trata de tomar ventaja del otro. Además, muchas veces, requiere repetir y revivir todas las razones y hechos que llevaron a la separación, con la alta posibilidad de que se hagan acusaciones falsas y feas en público.

7) Batalla con la soledad. Cuando se asienta el polvo de los otros problemas y uno se encuentra sin su cónyuge, comienza uno de los problemas más difíciles: la soledad. Es el mismo problema de

la viuda: Se encuentra sin la persona con quien compartía, hablaba y de quien recibía el afecto que se necesita. Algunos hombres y mujeres buscan llenar ese vacío en seguida, generalmente cayendo en los brazos de la primera persona que les muestre afecto, sin discernir quién o cómo es. Muchas veces, el resultado es trágico y resulta en una herida más profunda.

8) La tendencia a tomar decisiones drásticas. Ocurre que, en el proceso de separación, hay una tendencia a tomar decisiones drásticas que muchas veces crean grandes problemas posteriores. Por eso es importante recomendarle a la persona que no tome ninguna decisión importante en los primeros seis meses a un año, y así protegerse de los lamentos futuros.

El proceso para una recuperación significativa puede durar hasta más de dos años. Durante el mismo necesitamos ayudar a la persona a mantener su esperanza en Dios, que es poderoso para ayudarla a superar los problemas y rehacer su vida.

LA IGLESIA, MATRIZ DE FAMILIAS CRISTIANAS

C. René Padilla[3]

Dios es el origen del amor-entrega. Su amor se ha expresado concretamente en Jesucristo. Estas dos afirmaciones aparecen en 1 Juan 4.7-11 en modo indicativo, y en ambos casos apuntan a la base del imperativo del amor: «Amados, amémonos unos a otros; porque el amor es de Dios» (v. 7); «si Dios nos ha amado así, debemos también nosotros amarnos unos a otros» (v. 11). Nuestro amor al prójimo es la respuesta al amor de Dios en Jesucristo.

En el versículo 12 se avanza un paso más. Se habla del amor mutuo ya no en términos de un imperativo («debemos amarnos»), sino de una hipótesis: «Si nos amamos unos a otros...». La preocupación de Juan es mostrar lo que sucede cuando el amor de Dios se hace carne en la comunidad cristiana.

Dios en la comunidad cristiana

El versículo 12 se abre con una afirmación categórica: «Nadie ha visto jamás a Dios.» Tal pensamiento nos remite a la experiencia del pueblo de Israel al pie del Monte Sinaí, cuando Dios, por medio de Moisés, prohibió a la gente tratar de verlo, «no sea que muchos de ellos caigan muertos» (Éx 19.21). Nadie puede ver a Dios cara a cara y vivir.

La misma afirmación con respecto a la invisibilidad de Dios aparece en el prólogo del evangelio de Juan (1.18). Allí, sin embargo, se propone que el Dios invisible se ha dado a conocer por medio de Jesucristo. El rostro del Padre se ha hecho visible en el Hijo.

En nuestro pasaje (1 Jn 4. 12) se pasa de la cristología a la eclesiología y se afirma que «si nos amamos unos a otros, Dios permanece en nosotros (Dios vive entre nosotros, Dios está con nosotros), y su amor se ha perfeccionado en nosotros.» En otras palabras, donde reina el amor, el Dios invisible se hace visible, puesto que nuestro amor apunta al Dios que es amor.

El amor-entrega es una prueba tangible de la realidad de Dios. No es meramente una norma: es una experiencia de la presencia de Dios. Y —al decir de Juan— sólo se perfecciona cuando se reproduce «entre nosotros», es decir, en la comunidad cristiana. El amor-entrega es la marca de los seguidores de Jesucristo. Y pone en evidencia la realidad de su presencia en medio de ellos.

La iglesia y la pastoral de la pareja

La pastoral de la pareja es fundamentalmente una pastoral comunitaria. Las parejas (y las familias) aprenden a amar en el contexto de una comunidad que practica el amor mutuo. El amor no se comunica sólo en palabras, sino por el ejemplo de personas y familias que viven en función del amor por el poder del Espíritu Santo. Es como la fe y la esperanza: se transmiten por contagio. Una iglesia que hace del amor la ley suprema de la vida es una iglesia generadora de familias orientadas por el amor.

Cuando el amor-entrega se hace carne en una pareja adulta, no es necesario tratar de probar a los jóvenes la importancia de ese amor como base del matrimonio. Los matrimonios bien constituidos que forman parte de la congregación proveen modelos que los jóvenes desearán reproducir. Los mejores sermones sobre el amor y el matrimonio, como sobre muchos otros temas que atañen a la vida cristiana, no son los que se predican, sino los que se viven.

Por supuesto, ninguna iglesia es perfecta en el amor. No obstante, toda iglesia puede ser una comunidad de pecadores que están aprendiendo a amar y a recibir amor.

La tarea de la pastoral es crear condiciones para el crecimiento personal y comunitario en la experiencia del amor entrega. Donde hay amor el ejercicio de la autoridad no degenera en autoritarismo, ni el ejercicio de la libertad genera libertinaje, ni el ejercicio de la disciplina degenera en legalismo, ni el ejercicio de la espontaneidad degenera en desorden. Donde hay amor las personas son más importantes que los programas, la calidad de vida es más importante que la cantidad de cosas, la madurez auténtica es más importante que las apariencias.

Donde existen condiciones para que el amor germine y crezca, hay esperanza de que se formen parejas con un fundamento sólido para las cuales el matrimonio sea un pacto de ayudarse mutuamente en el seguimiento de Jesucristo en el mundo, para la gloria de Dios.

Notas

1 Citado por James Dobson en *Controle las rabietas de su hijo*, p. 30.
2 Adaptado de un artículo publicado en revista Apuntes Pastorales, Buenos Aires: Oct., 1986.
3 *Revista Misión*, Nro. 24, junio de 1998.

EL CONTROL DE LA NATALIDAD: PERSPECTIVA BÍBLICA Y TEOLÓGICA

Alberto F. Roldán

Uno de los aspectos que atañe a la responsabilidad humana tiene que ver con la planificación de la familia. Hay un mandato claro de Dios registrado en el Génesis por el cual la humanidad tiene que fructificar y multiplicarse. Pero ¿significa eso que cada hombre y cada mujer que se unen para formar una familia tienen que tener todos los hijos que sea posible? ¿Qué responsabilidad le cabe al cristiano en la planificación de la familia? ¿Qué nos dice la Biblia en cuanto al control de los nacimientos? ¿Podemos, desde la ética cristiana, aprobar todos los métodos existentes?

En este estudio

1. Conoceremos los factores que han originado el tema del control de la natalidad.
2. Buscaremos bases bíblicas para la práctica del control de la natalidad.
3. Evaluaremos las distintas posiciones que se dan en las ramas del cristianismo.

«Control de natalidad», «regulación de nacimientos», «planificación familiar» son algunas de las expresiones referentes al proceso por el cual, mediante distintos métodos, se espacian los nacimientos. María Teresa de Schroder formula precisiones importantes cuando escribe: «La contracconcepción es el conjunto de técnicas que permiten poner a cubierto, temporariamente, a la mujer del riesgo del embarazo. Debe diferenciarse nítidamente de la esterilización, es decir, la prevención definitiva del embarazo, en general por medios quirúrgicos; y no confundirlo con el aborto, que es la pérdida o destrucción deliberada del producto de la concepción.»[1]

UN PROBLEMA MODERNO

Aunque el control de nacimientos es un problema antiguo (lo trata un papiro egipcio que tiene una antigüedad de 4000 años y fue debate de los filósofos griegos hace unos 2400 años), en cierto modo es un problema que corresponde a la era contemporánea. En efecto, como señala André Dumas: «Las treinta mil generaciones humanas que nos han precedido, siempre consideraron que la procreación asidua era la primera garantía de la familia y de la supervivencia del grupo. Nuestro problema no ha preocupado más que a las últimas doce generaciones de la especie humana.»[2]

Hay varios factores sociales que han generado este problema. Por un lado, está el crecimiento de la población mundial. El cuadro que ofrecemos a continuación es elocuente al respecto:

Tiempo de Jesucristo:	100 millones de habitantes
Siglo XV	400 millones de habitantes
Hacia 1850	1000 millones de habitantes
Hacia 1920	2000 millones de habitantes
Hacia 1962	3135 millones de habitantes
En 1983	4000 millones de habitantes
En 1991	aproximadamente 5000 millones de habitantes

En cuanto a la realidad latinoamericana, que es la que más nos atañe, la situación es la siguiente:

En 1920	87 millones de habitantes
En 1950	165 millones de habitantes
En 1960	216 millones de habitantes
En 1970	283 millones de habitantes
En 1981	366 millones de habitantes
Para el año 2000	562 millones de habitantes[3]

Esto, que se da en llamar «explosión demográfica», es lo que hizo decir a Albert Einstein: «De las tres amenazas que pesan sobre el mundo, la menos grave es la de la bomba atómica, la más urgente es la del hambre, pero la más decisiva será la del hundimiento posible bajo una sociedad de masas.»[4]

Paralelo al crecimiento demográfico marcha el fenómeno del hambre y la desnutrición de vastos sectores de la población con escasos recursos. El hecho se agrava proporcionalmente con la llegada de cada nuevo hijo al seno de un hogar pobre. Y al hambre y la desnutrición se unen, inevitablemente, el analfabetismo y la falta de vestido. Es claro que los padres que no tienen qué dar de comer a sus hijos difícilmente podrán enviarlos a la escuela.

Desde otro ángulo, el control de la natalidad obedece al progreso enorme que han experimentado las ciencias, particularmente la medicina. En muchos sentidos, la concepción dejó de ser un misterio para poder ser estudiada hasta el punto de que hoy los padres podemos llegar a saber el sexo de nuestro futuro hijo. El gran avance de la medicina también ha logrado la creación de píldoras anticonceptivas y variados métodos que permiten el disfrute de la relación sexual sin que ello implique el embarazo de la mujer. Y, por último, hablando precisamente de la mujer, es necesario recalcar el hecho de su nuevo papel en la sociedad occidental. La mujer, paulatinamente, expande sus funciones sociales, otrora confinadas exclusivamente a la procreación y el cuidado de los hijos en el hogar. La sociedad en general ve la regulación de los nacimientos de los hijos no ya como un índice de egoísmo, sino, más bien, como una opción perfectamente legítima. En resumen, la explosión demográfica, la pobreza, el hambre, la desnutrición, el analfabetismo, los descubrimientos de la medicina, y el nuevo rol de la mujer, son algunos de los factores más decisivos en cuanto al control de los nacimientos.

PERSPECTIVA BÍBLICA DEL CONTROL DE NACIMIENTOS

Debemos reconocer la poca información que la Biblia nos provee sobre este tema. Sobre todo en cuanto al Antiguo Testamento, podemos decir que más bien estamos frente a un planteamiento exactamente inverso al control. En efecto, el Antiguo Testamento alaba el engendrar muchos hijos (véase Gn 13.16; 12.3). En los casos que el Antiguo Testamento registra de mujeres estériles, ellas se muestran tristes, agobiadas, con evidentes síntomas de frustración como personas. Casos como el de Raquel (Gn 30.1) y Ana (1 Sam 1.5,6) son elocuentes ejemplos de lo que decimos. Es que el Antiguo Testamento está enraizado en un contexto de promesa y descendencia, por lo cual, el engendrar hijos se constituye en una virtud. En el Salmo 127.3-5 leemos: «He aquí, herencia de Jehová son los hijos; cosa de estima es el fruto del vientre. Como saetas en manos del valiente, así son los hijos habidos en la juventud. Bienaventurado el hombre que llenó su aljaba de ellos....» Podemos decir entonces que en el Antiguo Testamento el tema del control de la natalidad como tal está ausente, debido a los factores que hemos indicado.

Tampoco hay en el Nuevo Testamento texto alguno que en forma directa apruebe o desapruebe la práctica del control de nacimientos de los hijos. Indirectamente, acaso podríamos apelar a Juan

1.13 donde se nos dice —a manera de contraste entre hijos humanos e hijos de Dios— que estos últimos «no son engendrados de sangre, ni de voluntad de carne, ni de voluntad de varón, sino de Dios». Por deducción, los hijos humanos son producto de la decisión del hombre. Es decir, el hombre, ser de carne y sangre tiene la facultad de decidir, ¡por lo menos hasta cierto punto!, cuándo engendrar un hijo.

Por vía negativa, podemos decir que mientras el Nuevo Testamento se pronuncia en contra de pecados sexuales como el adulterio, la fornicación y la homosexualidad, nada dice en contra del control o el espaciamiento de los hijos. Esto, ya es decir bastante.

REFLEXIONES TEOLÓGICAS

Habiendo escasos datos bíblicos, queda entonces intentar una reflexión teológica sobre el tema. Y en este sentido, como en tantos otros, no hay una sola reflexión que resulte universalmente aceptada. Por el contrario, coexisten por lo menos dos vertientes o acercamientos al tema. Fundamentalmente, la óptica católica romana y la perspectiva evangélica.

El catolicismo romano ha producido documentos, particularmente encíclicas (encíclica significa «carta circular») papales que

La persona es responsable de las capacidades y medios que Dios le ha otorgado para la crianza de los hijos, así como del número de estos.

Debe también tener cuidado de ni limitar este número por motivos de ansiedad, pereza o egoísmo, ni dejar por desidia que se aumente.

Ocurre, a vece, que una pareja, preocupada por la salud de la madre o el bienestar de los niños, eviatará la concepción sin dejar por ello las relaciones conyugales.

Estará siguiendo, en tal caso, el consejo de San Pablo: «La mujer no tiene potestad sobre su propio cuerpo, sino el marido; ni tampoco tiene el marido potestad sobre su cuerpo, sino la mujer».

—La Iglesia de Neuchatel

mantienen una posición contraria al control de la natalidad. En rigor, admite como válidos para sus fieles los métodos que denomina «naturales». En la encíclica *Casti Connubii*, promulgada por el papa Pío XI en diciembre de 1930, se dice que «ninguna razón, por grave que sea, puede hacer que lo que es intrínsecamente contra natural, se torne conforme a la naturaleza y honesto. Puesto que el acto del matrimonio está, por su propia naturaleza, destinado a la generación de hijos, aquellos que, al cumplirlo, se dediquen deliberadamente a quitarle su fuerza y su eficacia, actúan contra la naturaleza; hacen algo intrínsecamente vergonzoso y deshonesto».

En julio de 1968 el catolicismo se pronunciaría de nuevo en otra encíclica sobre el tema en cuestión. En la titulada *Humanae Vitae* (De la vida humana) —que levantaría una polvareda de críticas y oposición— Paulo VI prácticamente ratificó la posición tradicional. El documento apela a Génesis 38.9,10 que registra el pecado de Onán (del cual procede el término «onanismo») como demostración de que el acto sexual en el que no esté la intención de procreación es condenado por Dios. Afirma que todo acto sexual que sea «hecho voluntariamente infecundo» es por ello «intrínsecamente deshonesto». Porque, se insiste, «cada acto matrimonial debe quedar abierto a la transmisión de la vida» (II, 11). Lo curioso, sin embargo, es que más adelante a modo de permiso señala: «Si hay serias razones para espaciar los nacimientos, derivadas de las condiciones físicas y psicológicas de los cónyuges o de circunstancias externas, la Iglesia enseña que entonces es lícito tomar en cuenta los ritmos inmanentes a las funciones generativas, para usar del acto matrimonial en los períodos de infecundidad solamente, y de esta manera regular los nacimientos sin menoscabo de los principios morales antes citados» (II, 16). La declaración sorprende si se la une con la anterior afirmación de que todo acto sexual en el matrimonio debe quedar abierto a la fecundidad. Con mucha razón C. René Padilla reflexionaba sobre el particular, formulando las siguientes preguntas:

«¿Qué virtud posee la continencia periódica para eximir a los que practican el método aprobado de la «deshonestidad» que cometen al tener relaciones sexuales precisamente cuando la transmisión de la vida es imposible? ¿Es el acto sexual de los periodos agenésicos en realidad menos «voluntariamente infecundo» que aquel en que se toman otras medidas tendientes al mismo fin de evitar la fecundación?»[5]

PERSPECTIVA PROTESTANTE

Las preguntas citadas sirven de puente natural para esbozar lo que podríamos denominar «perspectiva protestante». Debemos, sin embargo, admitir la imposibilidad de establecer una posición protestante única sobre el particular. Existen pastores, y evangélicos en general, que, acaso sin estudiar debidamente el tema, derivan — tal vez inconscientemente— a una posición coincidente con el catolicismo. Es decir, el acto sexual sólo debe ser realizado con intención de procrear. El único método válido para el creyente es tener relaciones sexuales sólo durante los días no fecundos de la mujer. Pero, como me decía un colega: «¡Son muchos los seres humanos que son producto de la aplicación de ese tipo de método!»

Pero volviendo al tema de la posición protestante, hay varios documentos producidos por organismos eclesiásticos (por ejemplo, de la Iglesia Reformada de Holanda, de la Iglesia Anglicana) que se pronuncian a favor del control de nacimientos. Tomados en apretada síntesis, esos documentos señalan los siguientes hechos:

a) La paternidad responsable consiste en un equilibrio entre procreación e intenciones totales del matrimonio;
b) los hijos tienen derecho al amor, la educación, y la salud;
c) hay que tener en cuenta la salud de la madre;
d) la unión física es una de las expresiones queridas por Dios de la comunión de los esposos;

e) la unión física de los esposos, realizada sin la intención de procrear, no debe ser considerada como pecado.

Pero todavía no hemos mostrado los argumentos bíblicos decisivos para esta posición generalizada entre los evangélicos. Eso lo veremos posteriormente, junto con un panorama de los métodos más conocidos.

EL CONTROL DE LA NATALIDAD: MÉTODOS Y OPCIÓN

Alberto F. Roldán

LA GRAN PREGUNTA

La pregunta decisiva para dilucidar esta cuestión es la siguiente: ¿Cuál es la finalidad primaria de la sexualidad humana? La respuesta cristiana a este respecto se encuentra, obviamente, en las Escrituras. En Génesis 2.18 leemos: «Y dijo Jehová Dios: No es bueno que el hombre esté solo; le haré ayuda idónea para él». Como hemos visto a lo largo de este curso, la fundamental necesidad humana que tiende a remediar el matrimonio es la soledad. Todo el relato de Génesis 2 muestra que Dios crea a la mujer como compañera adecuada para el hombre y no con el propósito principal o esencial de engendrar hijos. No se niega la importancia de esto, pero creemos que está subordinado a la complementación mutua de hombre y mujer. Como escribe Padilla, «la unión carnal tiene que entenderse como un acto en el cual los cónyuges dan expresión al hecho de haber sido creados el uno para el otro y experimentan esa íntima comunión que define el propósito de su sexualidad... el acto sexual tiene una función esencialmente unitiva.[6]

Bíblicamente no hay nada condenable en la relación sexual matrimonial en la que no esté la intención de procrear. El Cantar de los Cantares es un poema inspirado que exalta el amor erótico. Es difícil encontrar en él, referencias a la relación sexual con fines de procreación. Todo el tenor del libro es el amor total entre un hombre y una mujer que se aman. Proverbios 5.18,19 dice: «Sea bendito tu manantial, y alégrate con la mujer de tu juventud, como cierva

191

amada y graciosa gacela. Sus caricias te satisfagan en todo tiempo, y en su amor recréate siempre». En 1 Corintios 7.5, luego de indicar que tanto el marido como la mujer deben cumplir con «el deber conyugal», Pablo dice: «No os neguéis el uno al otro, a no ser por algún tiempo de mutuo consentimiento, para ocuparos sosegadamente en la oración; y volved a juntaros en uno, para que no os tiente Satanás a causa de vuestra incontinencia.»

LA CUESTIÓN DE «LO NATURAL Y LO «ARTIFICIAL»

Otra de las cuestiones que se relacionan con este tema, es la que consiste en lo que se denomina «métodos naturales» y «métodos artificiales». El contraste que quiere establecerse entre ambos no es tal. Uno se preguntaría: Al fin y al cabo, ¿qué es lo natural: dejar que la mujer conciba un hijo que la pareja no ha determinado tener o dejar de tener relaciones sexuales aunque el apetito sexual natural esté pidiendo la relación? Por otra parte, permanentemente, los cristianos estamos «alterando» lo que sería la ley natural. Utilizamos anteojos, prótesis, dientes postizos, ingerimos comprimidos para enfermedades diversas. Y hacemos todo eso sin dudas, ni conciencia culpable. Para decirlo en palabras de André Morali-Daninos: «La intención de no procrear es la misma en todas las aplicaciones, y ella es lo que importa desde el punto de vista de la «culpabilidad», si se decide que la hay.»

DIVERSIDAD DE MÉTODOS

Existen muchos métodos de control de la natalidad que cubren un espectro muy amplio, desde los más antiguos y elementales hasta los más sofisticados y que obligan a la intervención de un profesional para su aplicación. Sin pretender ser exhaustivos, mencionaremos los más conocidos:

1) **Coito interrumpido** (*coitus interruptus*). Este método, muy antiguo por cierto, consiste en que el hombre interrumpe la

relación sexual momentos antes de la eyaculación. Entre otros inconvenientes, a veces no da tiempo para producir el orgasmo de la mujer. Requiere del hombre un control casi perfecto de sus sensaciones. De cada 100 casos produce un promedio de 18 embarazos.

2) Método del ritmo. Conocido también por sus descubridores como «método de Ogino y Knaus». Se basa en los días en los cuales la mujer no puede quedar embarazada. Básicamente, recomienda abstenerse de las relaciones sexuales durante los días intermedios del mes. Aconseja esas relaciones para los cinco días posteriores a la menstruación y un lapso similar antes de la siguiente regla. La probabilidad de embarazo es de un promedio de 24 en cada 100 casos. El problema básico con este método, es que generalmente los períodos de la mujer son irregulares. Seria diferente si la mayoría de las mujeres tuvieran ciclos regulares, por ejemplo, de 28 días. «Además, si bien se ha investigado que el esperma vive 72 horas, puede mantener su capacidad fecundante hasta más allá de este límite; en algunos casos 7 días. Algunas mujeres pueden ovular más de una vez, o la excitación del coito puede provocar la ovulación; un proceso infeccioso o emocional puede provocar modificaciones menstruales, que implican nuevo y largo periodo de control».[7] Una variante que tiende a reforzar este método y tornarlo más seguro consiste en tomar la temperatura. En el momento que se libera el óvulo, la temperatura del cuerpo puede bajar un poco y permanece en ese nivel hasta comenzar la menstruación siguiente. La temperatura debiera ser tomada cada mañana y antes de que la mujer se levante ya que cualquier actividad haría que la temperatura se elevara. Aparte de la constancia que exige esa tarea, está el hecho de que cualquier enfermedad o problema que

La familia con muchos niños no tiene hoy la misma importancia ideológica que tenía en tiempos del Antiguo Testamento.
—Bovet

viva la mujer, podría hacer que la temperatura de su cuerpo sufriera cambios.

3) Preservativo o condón. Elemento protector, ampliamente difundido, que cubre el pene. Se trata de un medio muy antiguo, pero que, obviamente, ha sido perfeccionado paulatinamente. Sin embargo, su porcentaje de fallas va desde el 15% al 20%. Puede provocar disminución de la sensibilidad sexual.

4) Diafragma vaginal. Consiste en un artefacto de goma blanda que, colocado en la vagina, cubre la entrada del útero. Puede causar ciertas molestias en la mujer y su porcentaje de fallas es del 12%, aproximadamente. Requiere que un médico determine la medida del artefacto.

5) Barreras químicas. Se trata de jaleas, óvulos, cremas, aerosoles, es decir, sustancias químicas que tienden a inmovilizar o destruir el espermatozoide. Puede provocar ciertas irritaciones. Sus fallas son del orden del 20%.

6) Dispositivos intrauterinos (conocido por su sigla DIU). Popularmente, por sus formas, se los conoce como «anillo», «moño», «espiral» o «rulo». Se insertan en el útero e impiden de ese modo la concepción. Puede causar molestias, hemorragias o dolor y, obviamente, debe ser colocado por un especialista. El porcentaje de fallas es del orden del 5%.

7) Anticonceptivos orales. El sistema, conocido popularmente como «la píldora», se inició en 1956 y se ha ido perfeccionando con el correr de las décadas. Suprime la ovulación de la mujer mediante la administración de sustancias hormonales. Se suministra diariamente a partir del 5° día después de iniciada la menstruación y durante unos 20 días. Se suspende una semana y luego se reinicia el tratamiento. Es un método bastante seguro que exige por parte de la mujer ingerir la píldora cada día que corresponda y sin interrupciones. El olvido puede resultar fatal para los objetivos buscados. Puede provocar aumento de peso, dolores de cabeza y náuseas. Su eficacia es muy amplia, ya que se estima que las fallas son del orden del 0,3%

8) Esterilización. Una intervención quirúrgica puede esterilizar a la mujer o al hombre. En algunos países la esterilización está penada por la ley. En otros, con densidad de población alta —por ejemplo en Centroamérica— la mujer se puede esterilizar después de uno o dos hijos. Por supuesto, se trata del método de mayor eficacia. Su margen de error es del 0,003%, es decir, casi nulo. Efectos secundarios no tiene, pero sí puede tener consecuencias a nivel psíquico, ya que la esterilización es irreversible.

¿ Y EL ABORTO?

En forma terminante debemos descartar al aborto como método de control de nacimientos. No disponemos de suficiente espacio para referirnos al tema. De todos modos, hay dos vertientes que nos conducen a su rechazo como metodología legítima para un cristiano. Por un lado, la perspectiva bíblica, entre la que podemos destacar los siguientes pasajes: «No matarás» (Éx 20.13); «Porque tú formaste mis entrañas; Tú me hiciste en el vientre de mi madre...mi embrión vieron tus ojos» (Sal 139. 13,16); «Antes que te formase en el vientre, te conocí, y antes que nacieses te santifiqué, te di por profeta a las naciones» (Jer 1.5; cf. Gál 1.15). Estos textos nos muestran una gran verdad: una criatura concebida y en formación en el vientre de su madre no es un mero conjunto de tejidos corporales; es una persona. La otra vertiente es la reflexión teológica. A modo de «botón de muestra», citemos a Dietrich Bonhoeffer, el teólogo alemán ejecutado por el nazismo:

«Matar el fruto en el seno materno es lesionar el derecho a la vida concedido por Dios a la vida en germen. La discusión de la cuestión de si en este caso se trata de una persona o no, sólo confunde el sencillo hecho de que aquí Dios quiere crear un hombre y que a este hombre en formación se le ha quitado intencionadamente la vida. Pero esto no es otra cosa que asesinato.»[8]

LA OPCIÓN CRISTIANA

Todos los métodos de contracepción tienen una única finalidad: evitar la fecundación. La variación de los mismos radica en el costo, las consecuencias que provocan y el porcentaje de eficacia. Por lo tanto, el método que cada pareja elija es un asunto que compete a ella, según mutua determinación, posibilidades económicas, y consejo médico. Se trata de un hecho que pone a prueba tanto la libertad cristiana como el dominio que debemos ejercer en la naturaleza por mandato de Dios. Paternidad responsable es, en suma, determinar el número y el tiempo de la llegada de los hijos que uno puede convenientemente alimentar, vestir y educar, para la gloria de Dios.

Notas

1 María Teresa de Schroeder, «De la responsabilidad sexual a la maternidad y paternidad responsables», en *Familia y Sociedad*, Ed. Tierra Nueva, Buenos Aires, 1975, p. 218.
2 André Dumas, *El control de los nacimientos en el pensamiento protestante*, La Aurora, Buenos Aires, 1968, p. 8.
3 Datos tomados de Guillermo Taylor, op. cit., p. 148.
4 Cita por José Grau, «La paternidad responsable y la explosión demográfica», en *Sexo y Biblia*, Ediciones Evangélicas Europeas, Barcelona, 1973, p. 109.
5 C. René Padilla, «La Humanae Vitae a la luz de la Biblia», *Revista Certeza*, No 34, p. 54.
6 C. René Padilla, op. cit., p. 54 2. Cit. por André Dumas, op. cit., p. 85.
7 Op. cit., p. 220.
8 Dietrich Bonhoeffer, *Ética*, trad. V. Bazterrica, Estela, Barcelona, 1967, p. 122.

Guía de estudio

LA FAMILIA
DESDE UNA
PERSPECTIVA BÍBLICA

Compilado por Les Thompson

Guía preparada por la Universidad
Facultad Latinoamericana de Estudios Teológicos

Unilit

Contenido

Cómo establecer un seminario en su iglesia

Para desarrollar un programa de estudios en su iglesia, usando los cursos ofrecidos por la Universidad FLET, se recomienda que la iglesia nombre a un comité o a un Director de Educación Cristiana. Luego, se deberá escribir a Miami para solicitar el catálogo ofrecido gratuitamente por FLET. El catálogo contiene:

1. La lista de los cursos ofrecidos, junto con programas y ofertas especiales,
2. La acreditación que la Universidad FLET ofrece,
3. La manera de afiliarse a FLET para establecer un seminario en su iglesia.

Luego de estudiar el catálogo y el programa de estudios ofrecidos por FLET, el comité o el director podrá hacer sus recomendaciones al pastor y a los líderes de la iglesia para el establecimiento de un seminario o instituto bíblico acreditado por FLET.

Universidad FLET
14540 S.W. 136 Street No 202
Miami, FL 33186
Teléfono: (305) 378-8700
Fax: (305) 232-5832
e-mail: admisiones@flet.edu
Página web: www.flet.edu

Cómo obtener un curso acreditado por FLET

Si el estudiante desea recibir crédito por este curso, debe:

1. Llenar la solicitud de ingreso.
2. Proveer una carta de referencia de su pastor o un líder cristiano reconocido.
3. Pagar el costo correspondiente. (Ver «Política financiera» en el *Catálogo académico*.)
4. Enviar a la oficina de FLET o entregar al representante de FLET autorizado una copia de su diploma, certificado de notas o algún documento que compruebe que haya terminado los doce años de la enseñanza secundaria (o educación media).
5. Hacer todas las tareas indicadas en esta guía.

Nota: Ver «Requisitos de admisión» en el *Catálogo académico* para más información.

Cómo hacer el estudio

Cada libro describe el método de estudios ofrecido por esta institución. Siga cada paso con cuidado. Una persona puede hacer el curso individualmente, o se puede unir con otros miembros de la iglesia que también deseen estudiar.

En forma individual:
Si el estudiante hace el curso como individuo, se comunicará directamente con la oficina de la Universidad FLET. El alumno enviará su examen y todas sus tareas a esta oficina, y recibirá toda comunicación directamente de ella. El texto mismo servirá como «profesor» para el curso, pero el alumno podrá dirigirse a la oficina para hacer consultas. El estudiante deberá tener a un pastor o monitor autorizado por FLET para tomar su examen (sugerimos que sea la misma persona que firmó la carta de recomendación).

En forma grupal:
Si el estudiante hace el curso en grupo, se nombrará un «facilitador» (monitor, guía) que se comunicará con la oficina de FLET. Por tanto, los alumnos se comunicarán con el facilitador, en vez de comunicarse directamente con la oficina de FLET. El grupo puede escoger su propio facilitador, o el pastor puede seleccionar a un miembro del grupo para ser guía o consejero, o los estudiantes pueden desempeñar este rol por turno. Sería aconsejable que la iglesia tenga varios grupos de estudio y que el pastor sirva de facilitador de uno de los grupos; cuando el pastor se involucra, su ejemplo

anima a la congregación entera y él mismo se hace partícipe del proceso de aprendizaje.

Estos grupos han de reunirse regularmente (normalmente una vez por semana) bajo la supervisión del facilitador para que juntos puedan cumplir con los requisitos de estudio (los detalles se encontrarán en las próximas páginas). Recomendamos que los grupos (o «peñas») sean compuestos de 5 a no más de 10 personas.

El facilitador seguirá el «Manual para el facilitador» que se encuentra al final del libro. El texto sirve como «profesor», mientras que el facilitador sirve de coordinador que asegura que el trabajo se haga correctamente.

El plan de enseñanza FLET

El proceso educacional debe ser disfrutado, no soportado. Por lo tanto no debe convertirse en un ejercicio legalista. A su vez, debe establecer metas. Llene los siguientes espacios:

Anote su meta día/sem estudios: _____

Horario de estudio: _____

Día de la reunión: _____

Lugar de la reunión: _____

Opciones para realizar el curso

Este curso se puede realizar de tres maneras. Si desea hacer el curso a un paso cómodo, lo puede realizar en el espacio de dos meses (tiempo recomendado para aquellos que no tienen prisa). El alumno puede escoger el plan intensivo con el cual puede completar sus estudios en un mes. Otra opción es hacer el estudio con el plan extendido, en el cual se completan los estudios y el examen final en tres meses. Las diversas opciones se conforman de la siguiente manera:

Plan intensivo: un mes (4 sesiones)   Fecha de reunión
Primera semana: Lecciones 1-2   _____
Segunda semana: Lecciones 3-4   _____
Tercera semana: Lecciones 5-6   _____
Cuarta semana: Lecciones 7-8, y
Examen final de FLET   _____

Plan regular: dos meses (8 sesiones) Fecha de reunión
Primera semana: Lección 1   _____
Segunda semana: Lección 2   _____
Tercera semana: Lección 3   _____
Cuarta semana: Lección 4   _____
Quinta semana: Lección 5   _____
Sexta semana: Lección 6   _____
Séptima semana: Lección 7   _____
Octava semana: Lección 8, y
Examen final   _____

Plan extendido: tres meses (3 sesiones)Fecha de reunión
Primer mes: Lecciones 1-3   _____
Segundo mes: Lecciones 4-6   _____
Tercer mes: Lecciones 7-8, y
Examen final   _____

Descripción del curso
Un estudio integrado de temas que se enfoca bíblicamente en la familia.

Metas y objetivos

Metas

1. (Cognitiva) El alumno aprenderá los criterios bíblicos de varios temas relacionados con la familia.
2. (Afectiva) El alumno sentirá el deseo de conformar su familia a los criterios bíblicos.
3. (Conducta/volitiva) El alumno actuará de acuerdo a lo que ha aprendido para realizar cambios en su familia.

Objetivos

El alumno alcanzará las metas al hacer lo siguiente:

1. Leer el texto y contestar las preguntas de repaso.
2. Hacer los estudios bíblicos en las lecciones.
3. Realizar una variedad de dinámicas con los miembros de su familia que ayudan a poner en práctica los criterios que ha aprendido.
4. Leer material adicional y reflexionar sobre el significado de su lectura.
5. Expresar su propio concepto acerca de un tema relacionado con la familia.

Tareas en general

El alumno:

1. Leerá el texto *La Familia desde una perspectiva bíblica* compilado por Les Thompson. Mantendrá un cuaderno de trabajo en el que escribirá las respuestas a las preguntas de repaso y a las preguntas del estudio bíblico de cada lección, y además, una breve reflexión acerca de los resultados de la actividad en la sección «Expresión».

2. Realizará la **lectura adicional** de 300 páginas que ha de seleccionarse de la lista de libros recomendados más adelante en esta guía. Entregará a las oficinas de FLET en su país un informe por cada libro leído de lectura adicional usando el formulario de «Informe de lectura» que también se proporciona más adelante. Este informe no debe ocupar más de las dos páginas del formulario que se provee.

3. Entregará un ensayo de 10-15 páginas escritas a máquina según las pautas dadas más adelante en esta guía, que trate acerca de uno de los siguientes temas:

   a. El papel del hombre en el hogar cristiano
   b. El papel de la mujer en el hogar cristiano
   c. La crianza de los hijos en el hogar cristiano
   d. La madre soltera cristiana
   e. La familia compuesta de dos o más familias desintegradas
   f. Educación sexual y la familia cristiana
   g. Criterios bíblicos acerca de separación, divorcio, y casarse de nuevo
   h. Manejo bíblico de bienes materiales en la familia cristiana
   i. Desarrollo y etapas en el matrimonio cristiano
   j. El noviazgo cristiano
   k. La comunicación en la familia cristiana
   l. La familia cristiana como luz y sal en su vecindario
   (El alumno puede seleccionar otro tema que le interese y que esté relacionado con el contenido del curso, pero el tema debe ser aprobado por la oficina de FLET o por el facilitador.)

Debe escribir el ensayo de acuerdo con las instrucciones detalladas más adelante en la sección «Pautas para escribir el ensayo».

4. Rendirá un examen final. Este examen puede incluir varios tipos de preguntas (tales como selección múltiple, verdadero y falso, preguntas que requiere un ensayo breve o también preguntas de desarrollo —el alumno tendrá que escribir una respuesta breve en otra hoja).

Pautas para la lectura

Una vez le preguntaron al presidente de la prestigiosa *Universidad de Harvard*, ¿Qué deseaba encontrar en los alumnos nuevos que llegaran a su universidad? ¿Qué quiere que sepan antes de comenzar? Su respuesta fue simplemente: «Quiero que sepan leer». Uno de los frutos del estudio independiente de FLET es aprender a leer bien. Recomendamos las siguientes pautas de buena lectura:

1. Revise el libro entero primero.
  1.1. Examine el contenido, hojee el libro, eche un vistazo para familiarizarse con él. Mire las ilustraciones, o las tablas.
  1.2. Hágase preguntas. ¿De qué se trata el libro? ¿Cuál será el enfoque? ¿Por qué debo interesarme en este tema?
2. Revise el primer capítulo en general, antes de leerlo con cuidado.
  2.1. Lea los títulos principales.
  2.2. Hágase preguntas acerca del contenido. Abra su apetito por leerlo. Si no puede convencerse que está interesado, la lectura será aburrida y lenta.

3. Lea el primer capítulo con cuidado.

   3.1. No lea ni demasiado lento ni demasiado rápido. En los dos casos, se pierde el hilo de la lectura y se distrae.

   3.2. Marque con un lápiz palabras, frases, o puntos importantes. Marque en el margen con símbolos («x», «!», «?», o cualquier símbolo que usted mismo invente y que le sea útil) puntos importantes que quisiera recordar. Escriba notas para usted mismo en el margen.

   3.3. Cuando haya terminado de leer el capítulo, vuelva a repasarlo, revisando sus propias anotaciones y reflexionando sobre el contenido.

   3.4. Pregúntese si ha entendido el capítulo. ¿Cómo explicaría esto a otra persona?

   3.5. Haga un resumen del capítulo y anote comentarios, preguntas o elabore un bosquejo, en la última página del capítulo. Escriba lo que le ayude a recordar en forma rápida lo más importante del capítulo.

4. Repita los pasos 2 y 3 con los siguientes capítulos.

5. Cuando haya terminado todo el libro, haga un repaso de todo el libro.

   5.1. Revise sus propias notas al final de cada capítulo.

   5.2. Haga un resumen del libro y anote comentarios, preguntas, o elabore un bosquejo, en las últimas páginas del libro. Escriba lo que le ayude a recordar en forma rápida lo más importante del libro.

Nota

El estudiante debe leer las secciones del texto que corresponden a la tarea de cada lección (ver sección «Programa de tareas específicas»), *antes de contestar las «Pre-*

guntas de repaso». Después, como una manera de repasar la materia, debe contestar las preguntas de repaso. ¡Que no forme el hábito malo de leer las preguntas primero e inmediatamente después buscar las respuestas en el libro de texto! Eso no sería una buena manera de aprender. El estudiante mismo se perjudicaría. Así que, deberá contestarlas por sí solo, y solo después verificará que estén correctas acudiendo primero al libro de texto y luego a las respuestas que se encuentran en el Manual para el facilitador. No es suficiente la simple memorización de las respuestas que están en el Manual para el facilitador para estar preparado para el examen. El examen puede incluir otras preguntas del texto y puede expresar las preguntas de una manera distinta.

Si el alumno está estudiando como individuo, el supervisor o monitor será el encargado de administrar el examen final. El alumno deberá escribir a la oficina de FLET para pedir aprobación para el supervisor o monitor que administrará el examen final, y para pedir que envíen la copia del examen final a este supervisor. Sugerimos que esta persona sea la misma que recomendó al alumno. Si el alumno está estudiando en un grupo, el facilitador será el encargado de administrar el examen final.

INFORME DE LECTURA

DATOS BIBLIOGRÁFICOS

Lectura: _____ Capítulo:_____ Págs.:_____

Autor (es):_____ Tomado de Libro/revista/?):_____

Editorial:_____ Ciudad _____ Año _____

BOSQUEJO	BREVE RESUMEN (haga una **síntesis** de lo que dice el autor, sin sus comentarios)

EVALUACIÓN CRÍTICA

(Elabore su opinión de lo que dice el autor —¿Es claro, preciso, confuso, bien documentado, fuera de contexto, muy simple, muy profundo, antibíblico, muy técnico, etc. etc.? Respalde su opinión)

PROVECHO PERSONAL Y MINISTERIAL

(¿Qué impacto tuvo esta lectura sobre mí y mi ministerio? ¿Cómo me ayudó? ¿Me gustó, no me gustó, por qué? Sea concreto.)

PREGUNTAS QUE SURGEN DE LA LECTURA

NOMBRE:_____ FECHA: _____

CURSO DE FLET: _____ LUGAR: _____ FACILITADOR: _____

PROFESOR : _____ CALIFICACIÓN: _____

Calificación

La nota final será calculada de acuerdo a los siguientes porcentajes:

Cuaderno de apuntes	10%
Informe de lectura adicional	10%
Ensayo	40%
Examen final	40%
Total	100%

Programa de tareas específicas

Para realizar el curso en dos meses (plan regular de estudios), el estudiante deberá seguir el plan de tareas indicado abajo. Sin embargo, si el estudiante hace el curso según el plan intensivo, o según el plan extendido, tendrá que adaptar las tareas de acuerdo al período de tiempo seleccionado.

Lección 1
- Leer el capitulo 1: «El origen de la familia».
- Contestar las preguntas de repaso y del estudio bíblico.
- Expresar en forma escrita sus reflexiones acerca de la dinámica asignada en la sección «Expresión».
- Leer 75 páginas de lectura adicional.
- Escribir el registro de la lectura según las instrucciones dadas en la sección «*tareas en general*».
- Iniciar la investigación para el ensayo.

Lección 2
- Leer el capítulo 2: «La sexualidad en el matrimonio».
- Contestar las preguntas de repaso y del estudio bíblico.
- Expresar en forma escrita sus reflexiones acerca de la dinámica asignada en la sección «Expresión».

- Leer 75 páginas de lectura adicional.
- Escribir el registro de la lectura según las instrucciones dadas en la sección «*tareas en general*».
- Seleccionar el tema del ensayo.

Lección 3
- Leer el capítulo 3: «La familia contemporánea».
- Contestar las preguntas de repaso y del estudio bíblico.
- Expresar en forma escrita sus reflexiones acerca de la dinámica asignada en la sección «Expresión».
- Leer 75 páginas de lectura adicional.
- Escribir el registro de la lectura según las instrucciones dadas en la sección «*tareas en general*».
- Hacer la investigación sobre el tema del ensayo.

Lección 4
- Leer el capítulo 4: «La comunicación en el matrimonio».
- Contestar las preguntas de repaso y del estudio bíblico.
- Expresar en forma escrita sus reflexiones acerca de la dinámica asignada en la sección «Expresión».
- Leer 75 páginas de lectura adicional (seguir investigando para el ensayo).
- Escribir el registro de la lectura según las instrucciones dadas en la sección «*tareas en general*».
- Hacer un bosquejo tentativo del ensayo.

Entrega de tareas a mediados del curso
Para poder evaluar el progreso del alumno, este deberá presentar las siguientes tareas inmediatamente después de la cuarta lección:
a) El cuaderno de trabajo con las tareas y reflexiones asignadas (lecciones 1-4).

b) El registro de las 300 páginas de lectura adicional leídas.
c) Una hoja con el tema y un bosquejo tentativo de su ensayo.

Si el alumno está estudiando como individuo, debe enviar las tareas por correo electrónico a tareas@flet.edu o enviar por correo postal una fotocopia de las tres tareas directamente a la oficina de la Universidad FLET. Si el alumno está estudiando en un grupo, debe mostrar estas tres tareas al facilitador.

Lección 5
- Leer el capítulo 5: «Influencias dañinas en el hogar».
- Contestar las preguntas de repaso y del estudio bíblico.
- Expresar en forma escrita sus reflexiones acerca de la dinámica asignada en la sección «Expresión».
- Empezar a escribir secciones del ensayo.

Lección 6
- Leer el capítulo 6: «La disciplina en el hogar».
- Contestar las preguntas de repaso y del estudio bíblico.
- Expresar en forma escrita sus reflexiones acerca de la dinámica asignada en la sección «Expresión».
- Seguir preparando secciones del ensayo.

Lección 7
- Leer el capítulo 7: «Las finanzas del hogar».
- Contestar las preguntas de repaso y del estudio bíblico.
- Expresar en forma escrita sus reflexiones acerca de la dinámica asignada en la sección «Expresión».
- Escribir un borrador del ensayo completo.

Lección 8

- Leer el capítulo 8: «Novios, solteros, ancianos y separados» y el apéndice: «El control de la natalidad».
- Contestar las preguntas de repaso y del estudio bíblico.
- Expresar en forma escrita sus reflexiones acerca de la dinámica asignada en la sección «Expresión».
- Escribir el documento final del ensayo.

Examen final

Si el alumno está estudiando en un grupo, el facilitador administrará el examen final y enviará las hojas de respuestas a la oficina de FLET.

Si está estudiando como individuo, el supervisor o monitor que ha sido autorizado por FLET administrará el examen final y enviará la hoja de respuestas a la oficina de FLET.

El examen final no será una mera repetición de las preguntas de repaso; podrá expresarlas de una manera distinta o podrá incluir otras preguntas del texto. Sin embargo, si el alumno ha realizado un estudio consciente del texto y conoce las respuestas para las preguntas de repaso, podrá rendir un buen examen.

Entrega de tareas al final del curso

El alumno deberá entregar las siguientes tareas al final del curso:

a) El cuaderno de trabajo con las tareas y reflexiones asignadas (lecciones 5-8).
b) El ensayo

Si el alumno está estudiando como individuo, debe enviar las tareas por correo electrónico a tareas@flet.edu o enviar por correo postal una fotocopia de las tareas directamente a la oficina de la Universidad FLET. Si el alumno está estudiando en un grupo, debe mostrar estas tareas al facilitador.

Libros recomendados para lectura adicional
El alumno puede seleccionar su lectura adicional de los siguientes textos. También puede pedir autorización de la oficina de FLET para leer otros textos.

Bedrossian, Nydia. *Familias sanas en un mundo enfermo.* Casa Bautista de Publicaciones, 1997.
Bellostas, Joaquín. *Sociología y cristianismo en el desarrollo de la familia.* Editorial CLIE.
Córdova, Jorge. *La familia y el nuevo milenio.* Editorial Betania.
Christensen, Larry. *La Familia cristiana.* Editorial Betania.
Estrada, Antonio. *Familia: Crisis y oportunidades.* Editorial CLIE.
Farrar, Steve. *El hombre guía.* El Paso, Texas: Casa Bautista de Publicaciones.
Martínez de, María Eugenia. *Familia Cristiana.* Editorial Vida, 2000.
Swindoll, Charles. *Sabiduría para la vida familiar.* Miami: Editorial Unilit.
Taylor, Guillermo. *La familia auténticamente cristiana.* Editorial Portavoz.

El alumno puede seleccionar otros libros o artículos que tratan algún aspecto de la familia cristiana para cumplir con la tarea de lectura adicional.

Pautas para escribir un ensayo u otro trabajo escrito
La Universidad FLET exige un nivel *universitario* en las tareas escritas. Si los ensayos no cumplen con los requisitos, serán reprobados. Las siguientes pautas deben ser seguidas estrictamente. Para mayor información, consulte el libro *Un manual de estilo*, por Mario Llerena (Unilit/Logoi).

Pautas generales
1. Exprese una idea propia
Un ensayo debe ser la expresión de la idea de su autor, y no simplemente una recopilación de ideas de otros. El autor debe tener algo en mente que él o ella quiere comunicar, idealmente un solo concepto principal. Por ejemplo, el ensayo podría tener el propósito de convencer al lector que Cristo es suficiente para nuestra salvación, o que Agustín era el teólogo más importante de su época, o que Génesis 3 explica todos los problemas de la humanidad. Por supuesto, el autor toma en cuenta las ideas de otros, pero utiliza estas fuentes para apoyar su teoría, o bien para mostrar el contraste con ideas contrarias. Las distintas partes del ensayo presentan evidencia o argumentos para apoyar la idea central, para mostrar ideas contrastantes, o para ilustrar el punto. El lector debe llegar a la conclusión sabiendo cuál fue la idea principal del ensayo.

2. No use demasiado las citas bíblicas
Un buen ensayo no debe citar pasajes bíblicos largos, simplemente para llenar las páginas requeridas. Una cita bíblica de más de 10 versículos es demasiado larga. En el caso de referirse a un texto extenso, es mejor poner la referencia bíblica solamente. No más del 25% del ensayo debe ser citas bíblicas. Por supuesto, el argumento debe estar

basado en la Biblia, pero si hay muchas citas, el autor debe poner simplemente las referencias de algunas, para reducirlas a un 25% del contenido del ensayo.

3. Indique sus fuentes

Cuando el autor utiliza ideas de otras fuentes, es absolutamente necesario indicar cuáles son esas fuentes. Si el autor no lo hace, da la impresión de que las ideas citadas sean de él, lo cual no es honesto y es llamado «plagio». Si el autor menciona una idea contenida en otro libro o artículo que haya leído, aunque no sea una cita textual, debe colocar un número al final de la misma, ligeramente sobre la línea del texto (volado) [1], y una nota al pie de la página, con la información del texto empleado, usando el siguiente formato:

1 Autor [nombre primero, apellido después], *Nombre del libro* [en letra cursiva] (lugar de publicación: editorial, año) [entre paréntesis, con doble punto y una coma, tal como aparece aquí], la página, o páginas citadas.

Ofrecemos el siguiente ejemplo:

2 Federico García Lorca, *Bodas de Sangre* (Barcelona: Ayma, S.A., 1971), p. 95.

Vea Mario Llerena, *Un manual de estilo*, para otros posibles tipos de nota, por ejemplo cuando hay varios autores, o cuando la cita corresponde a un artículo de una revista.

Cuando cite directamente, la cita debe estar entre comillas, y también debe poner una nota al pie de la página con la información de la fuente.

4. Organice bien sus ideas con un buen bosquejo

El buen ensayo siempre está bien organizado, y las ideas que contiene siguen algún orden lógico. Por tanto, haga un buen bosquejo para asegurar una buena organización. El ensayo debe tener divisiones principales, y estas a su vez subdivisiones que contengan ideas subordinadas al tema de la división mayor. Las divisiones principales deben estar en paralelo, ya que son distintas en contenido pero iguales en importancia. El sistema tradicional de enumeración es usar números romanos para las divisiones principales, letras mayúsculas para las primeras subdivisiones y números árabes para las segundas subdivisiones. En los ensayos de FLET, que no contienen más de quince páginas, no es conveniente dividir los bosquejos en secciones menores que estas. Por ejemplo, un posible bosquejo de la Carta a los Romanos sería así:

La Carta a los Romanos

    I. Doctrina
        A. El pecado
            1. La ira de Dios contra el pecado
            2. Todos los hombres son pecadores
        B. La justificación por la fe
        C. La santificación por la fe
        D. La seguridad eterna

    II. Exhortaciones prácticas
        A. El amor
        C. La sumisión a las autoridades
        etc.

La introducción y la conclusión del ensayo no llevan nu-
meración.

Introducción
I.
    A.
        1.
        2.
    B.
II.
III.
Conclusión

4. Buenos párrafos

El párrafo es la unidad clave de un ensayo. Revise cada
párrafo para asegurarse de que:

a. Todas las oraciones del párrafo tratan el mismo tema.
b. La idea central del párrafo está en la primera o en la
    última oración.
c. Las demás oraciones contribuyen al tema central del
    párrafo, apoyando o mostrando contraste o dando
    ilustraciones.

No tenga cuidado en eliminar oraciones que no estén rela-
cionadas con el tema del párrafo. Posiblemente estén mejor
en otro párrafo, o quizás deba empezar un nuevo párrafo.

5. Incluya una bibliografía

Al final del ensayo, se debe incluir una bibliografía, una
lista de todas las fuentes (libros y artículos) utilizadas en su
investigación. El formato para la bibliografía es un poco dis-
tinto del formato de la nota al pie de página. Por ejemplo:

García Lorca, Federico. *Bodas de Sangre*. Barcelona: Ayma, S.A., 1971.

Note que el apellido va delante del nombre, no se indican las páginas, y la puntuación es distinta.

6. Use buena forma

El ensayo debe estar bien escrito, con buena ortografía, puntuación y sintaxis. Si tiene problemas o dudas al respecto, repase un curso de gramática y ortografía. La Universidad FLET exige que sus estudiantes estén adecuadamente capacitados en el uso correcto de la ortografía y gramática española. Errores comunes son:

¡Mala ortografía y falta de tildes!
(Si escribe en una computadora, ¡aproveche del corrector ortográfico automático!)
Oraciones extensas que deben ser divididas en dos o más oraciones.
(Si empieza una idea nueva, debe hacer una nueva oración.)
Párrafos con una sola oración.
(Si hay una sola oración, debe ponerla bajo otro párrafo, o simplemente eliminarla, si no hay suficiente que decir con respecto al tema.)

Pautas específicas para el ensayo de este curso
1. El ensayo debe constar de 10-15 páginas, y ser escrito a doble espacio. Utilice un tipo de letra de tamaño 10-12 puntos. ¡No emplee una letra grande para llenar el espacio! El ensayo debe incluir una introducción, una conclusión, y una bibliografía. Insistimos en buena ortografía, puntuación y

sintaxis. Si tiene problemas o dudas al respecto, repase un curso de gramática y ortografía. La Universidad FLET exige que sus estudiantes estén adecuadamente capacitados en el uso correcto de la ortografía y gramática española. Errores comunes son:

Ortografía y puntuación, especialmente la falta de tildes o el uso incorrecto de tildes, y el uso incorrecto de comas. (Si escribe en una computadora, ¡aproveche del corrector ortográfico automático!)

Oraciones extensas que deben ser divididas en dos o más oraciones. (Si empieza una idea nueva, debe hacer una nueva oración.)

Párrafos con una sola oración. (Si hay una sola oración, debe ponerla bajo otro párrafo, o simplemente eliminarla, si no hay suficiente que decir con respecto al tema.)

Además del texto principal de *La familia desde una perspectiva bíblica* compilado por Les Thompson, el estudiante debe leer otros materiales acerca del tema (ver arriba lista de libros recomendados), para componer el ensayo. De esta manera, el alumno también cumple con el requisito de lectura adicional. Este ensayo debe incluir una introducción, una conclusión, y una bibliografía.

Insistimos: En el ensayo, el alumno debe mostrar, no solo el conocimiento del tema, sino también la capacidad creativa de discernir la importancia de este tema en relación con su propia situación actual, haciendo una aplicación práctica.

Lección 1

Corresponde al capítulo 1
El origen de la familia

Si consideramos que Dios es el creador de la familia, es indispensable que empecemos por el principio: ¿Cómo comenzó la familia? ¿Para qué fue creada? ¿Cómo debía ser la relación matrimonial según la intención original del Creador? Estas y otras preguntas serán respondidas en el estudio bíblico de Génesis 2 que se encuentra después de las preguntas de repaso de capitulo 1. Dedique unos minutos a orar para que el Señor, por su gracia y mediante el Espíritu Santo, obre de tal modo que al finalizar este estudio ya pueda notar cambios positivos en su vida matrimonial y familiar.

Metas
1. El alumno aprenderá lo que la Biblia dice del origen de la familia.
2. El alumno deseará que su familia refleje los criterios bíblicos.
3. El alumno trabajará con su familia para lograr que ella refleje más los criterios bíblicos.

Objetivos
1. Leerá el capítulo 1 del texto y contestará las preguntas de repaso del capítulo y del estudio bíblico en lección 1.
2. Reflexionará sobre la importancia de conocer el origen de la familia.
3. Comunicará lo que ha aprendido con otros miembros de su familia.

Preguntas de repaso

1. ¿Qué descubrió el autor al estudiar los primeros capítulos de Génesis?
2. ¿Qué es lo más importante que descubrió Carolina cuando fue instruida con la Palabra de Dios?
3. ¿En qué aspectos resultó ser la mujer totalmente adecuada para el hombre?
4. ¿Cómo define el autor la expresión «ayuda idónea»?
5. ¿Para qué fue diseñado el matrimonio?
6. ¿Qué sugerencia proporciona el Dr. Ryrie respecto al significado de la palabra hebrea *ishah*?
7. ¿Cómo se puede dejar al padre y a la madre y no vulnerar el mandamiento que dice «honra a tu padre y a tu madre»?
8. ¿Qué significados tiene el verbo *dabaq* en la versión Reina-Valera?
9. ¿Cuáles son las características que involucra la unión matrimonial?
10. ¿Qué implica en cuanto a la relación sexual matrimonial el hecho de que Pablo la mencione como una ilustración de la relación entre Cristo y la Iglesia?

Estudio bíblico: Génesis 2.18-25.

Este estudio tiene por objeto encontrar en la Biblia aquellos principios básicos que atañen a la creación del matrimonio y, al mismo tiempo, considerar los modos de usarlos. Algunos creen que el matrimonio es una invención del hombre o un accidente de la historia. Veremos si es así.

En este estudio

1. Exploraremos los orígenes del matrimonio y la familia según el relato del Génesis.
2. Entenderemos el significado de la mujer como «ayuda idónea».
3. Aprenderemos sobre los aspectos involucrados en la expresión «una sola carne».

En su cuaderno escriba sus respuestas a las siguientes preguntas:

1. a) ¿Por qué dijo Dios: «No es bueno que el hombre esté solo»?
   b) ¿En qué sentido no era bueno?
   c) ¿En qué aspecto era el hombre incompleto al estar solo?
2. a) ¿En qué sentido la mujer debe ser «ayuda idónea»?
   b) ¿Por qué la ayuda idónea debía ser mujer y no otro hombre?
3. ¿Qué objetivos habrá tenido la experiencia de Adán narrada en los versículos 19,20?
4. ¿Cuál sería la emoción de Adán en el momento en que Dios le presentó a la mujer según podría desprenderse de las palabras del propio Adán en el versículo 23?
5. a) ¿Qué significa, en términos prácticos, ser «una sola carne»?
   b) ¿Qué aspectos de la experiencia humana yacen en esa expresión?
6. a) ¿Sentían Adán y Eva vergüenza por estar desnudos?
   b) ¿Por qué?
   c) ¿Por qué nos avergüenza hoy la desnudez? ¿Es adecuada esa vergüenza?

Expresión

Escriba en su cuaderno sus propias ideas que expresa **por qué es importante que su familia conozca lo que la Biblia dice acerca del origen de la familia.** También escriba su respuesta a las siguientes preguntas: **¿Cómo debería funcionar la familia según la Biblia? ¿En qué áreas hay deficiencias en mi familia? ¿Qué puedo hacer para mejorarla?**

Por las tareas asignadas, habrá captado claramente que la familia no es una invención humana ni de la sociedad. Tampoco es una especie de accidente de la historia, sino el resultado de un acto creador de Dios. También habrá podido reflexionar con sinceridad y profundidad en su relación familiar actual.

Creemos que todavía hay mucho por explorar en este terreno de la vida de familia. Por eso es que proponemos una «reunión familiar con propósito».

La tarea consiste en reunirse con la familia por un par de horas. Planeen una salida a caminar, a tomar un café juntos, o aun a cenar en algún restaurante.

La propuesta, si acaso sorprende, tiene por objeto que la familia pueda profundizar su relación mediante el diálogo positivo y constructivo. No utilicen este tiempo para discutir problemas de la casa o diferencias de opinión. Más bien, reflexionen acerca de lo que la Biblia dice sobre el origen de la familia.

Lección 2

El tema de la sexualidad es uno de los más importantes en la relación matrimonial. Casi siempre hay dos extremos en la práctica. Unos la contemplan con una óptica humanista y hedonista, como un hecho puramente biológico. Piensan que a los impulsos sexuales simplemente hay que darles cauce y expresión. Esto es lo que sostienen algunas escuelas de sicología, tratando de evitar que esa libertad perjudique al prójimo. Otros pretenden enfocar la sexualidad desde una perspectiva legalista. Incluso viven cautivos, de alguna manera, por la influencia griega que consideraba al cuerpo como algo malo en sí mismo.

En este capítulo contamos con un excelente resumen del Dr. Herbert J. Miles. Esperamos arribar a conclusiones claras y a cambios importantes en esta área tan destacada de la vida matrimonial.

Metas

1. El alumno aprenderá lo que la Biblia dice de la sexualidad.
2. El alumno deseará que su familia refleje los criterios bíblicos.
3. El alumno trabajará con su familia para lograr que ella refleje más los criterios bíblicos.

Objetivos

1. Leerá el capítulo 2 del texto y contestará las preguntas de repaso del capítulo y del estudio bíblico de la lección 2.
2. Reflexionará sobre la importancia de los criterios bíblicos de la sexualidad humana.
3. Comunicará lo que ha aprendido con otros miembros de su familia.

En este estudio

1. Destacaremos la sexualidad como creación de Dios.
2. La apreciaremos como relación placentera y reproductora.

Sabemos que el hombre es de naturaleza espiritual, emocional y corporal, y que cada uno de esos «componentes» humanos es importante. Es por ello que la sexualidad debe considerarse como algo relevante en nuestra experiencia matrimonial. Por no verlo así, es que muchas parejas cristianas se frustran o viven en un conflicto permanente. Lamentablemente, algunas iglesias hacen muy poco por remediar esa situación.

1. Comprenderemos que no hay conflicto entre una vida santa y el disfrute de nuestra sexualidad en el matrimonio.
2. Sentiremos la importancia del decoro en las relaciones conyugales.
3. Entenderemos la relevancia del asesoramiento prematrimonial. Dedique unos momentos a dar gracias a Dios por su cuerpo y su sexualidad. Alabe al Señor por ser el Creador y Diseñador de todo lo que usted es como persona integral: cuerpo [sexo], alma, espíritu, sentimientos. Luego, conteste las preguntas a las veinte proposiciones sobre la felicidad sexual en el matrimonio.

Preguntas de repaso

1. ¿Cuál es la base bíblica para sostener que todo el universo y la vida son creación de Dios?
2. ¿Cuáles son los «aspectos» que componen al hombre y a la mujer como personas?
   a.
   b.
   c.
   d.
3. ¿Por qué la persona tiene un «carácter sagrado»?
4. ¿Puede enumerar algunas de las necesidades en las que se involucren el cuerpo y el alma?
5. Complete resumidamente lo que Miles dice en cuanto a la familia como unidad social que Dios creó:
   a. Cuna de la
   b. Fuente de la que fluye
   c. Sementera de los
   d. Baluarte de la
   e. Los cimientos sociales del
6. En sus propias palabras, indique por qué la monogamia (el matrimonio constituido únicamente por un hombre y una mujer) es la forma ordenada por Dios y la que mejor satisface a los cónyuges y a los hijos.
7. ¿Por qué es incorrecto que la pareja contraiga matrimonio con el propósito deliberado de no tener hijos?
8. ¿Cómo podría resumir el contenido de la «Proposición 7»?
9. ¿Por qué es importante la actitud mental para un buen ajuste sexual en el matrimonio?
10. ¿Qué es la sexualidad en relación con la personalidad total del individuo?

11. ¿Es malo que marido y mujer busquen en la relación sexual una experiencia placentera? ¿Por qué?

12. ¿Qué diferencia existe entre considerar la sexualidad como un fin en sí misma o como un medio?

13. Miles dice que la naturaleza de la unidad «una carne» es física y espiritual. ¿Qué puede pasar en un matrimonio cuando esa unión es solo física o únicamente espiritual?

14. ¿Por qué las relaciones sexuales extramatrimoniales deben rechazarse en la perspectiva cristiana?

15. ¿Qué aporta a los hijos una relación amorosa y armoniosa entre cónyuges?

16. Miles dice que la sexualidad exige decoro tanto como intimidad. Resuma lo que afirma acerca de estas dos cosas.

Decoro:

Intimidad:

17. ¿Qué relación hay entre una vida cristiana espiritual y un buen ajuste sexual en el matrimonio?

18. ¿En qué circunstancias se puede transformar la sexualidad, que es un don de Dios, en algo destructivo?

19. ¿Cómo influyen las costumbres sociales en la vida sexual, y cómo se oponen al plan del Creador?

20. El autor dice que la sexualidad es tan importante que requiere adiestramiento y asesoría prematrimonial. ¿Cómo atiende su iglesia este aspecto de la vida?

21. Comente las consecuencias que pueden tener los novios que se casan sin preparación prematrimonial.

Estudio bíblico: Juan, capítulo 4.

Dedique unos momentos a orar para que el Señor le hable por Su Palabra. Luego lea atentamente todo el capítulo, procurando entrar en la vida, sentimientos y emociones de los personajes centrales. Posteriormente, responda el cuestionario.

1. ¿Qué significa la frase de Juan «le era necesario pasar por Samaria»? (v. 4.)
2. ¿Qué nos dice el relato en cuanto a la mujer que dialogó con Jesús? Escriba todo lo que pueda extraer del capítulo en ese sentido.
3. ¿Por qué la mujer se sorprendió cuando Jesús le pidió agua?
4. ¿Qué implica el hecho de que, pese a la enemistad entre judíos y samaritanos, Jesús quiso dialogar con la mujer?
5. a. ¿Cómo se revela Jesús al ofrecer agua viva a esta mujer?
   b. ¿Qué características de su persona manifiesta?
6. ¿Cómo fue aumentando el aprecio y comprensión de la mujer en cuanto a la persona de Jesús? (Compárense los vv. 12, 19, y 25.)
7. Jesús casi nunca se proclamó Mesías. No porque no lo fuera, sino, tal vez, porque el que los judíos esperaban era una figura política que los liberaría del yugo romano. Pero en este caso, cuando la mujer intuye: «Sé que ha de venir el Mesías...», Jesús en forma directa le dice: «Yo soy, el que habla contigo». ¿Qué implica esta proclamación de Jesús en cuanto a la apreciación de la mujer?
8. ¿Qué hechos protagonizados por ella muestran que tomó con seriedad la posibilidad de que Jesús fuera el Mesías esperado?
9. Resuma en sus propias palabras lo que aprendió de este capítulo en cuanto a la actitud y el aprecio de Jesús por la mujer como persona.

Expresión

Las personas casadas deberían reflexionar juntos en su situación matrimonial, las personas comprometidas, y las personas solteras sin compromiso deberían reflexionar en lo que debe ser su situación matrimonial si y cuando se casa. Escriba en su cuaderno las respuestas a las siguientes preguntas.

1. a. ¿Cómo se preparó (o preparará) para la vida matrimonial?
   b. ¿Cómo influye eso en el matrimonio?
2. De las veinte proposiciones estudiadas, seleccione cinco que sean (o deberían ser) una realidad en su matrimonio y cinco en las que debe mejorar.
3. ¿En qué sentido influye la relación matrimonial en los hijos?
4. ¿Cómo se puede hacer para que las relaciones sexuales se caractericen por el decoro y la intimidad?
5. ¿Qué relación hay entre el cultivo de la vida espiritual y una relación sexual satisfactoria para ambos?
6. ¿Qué hará para mejorar (o planear) su relación matrimonial en lo espiritual y lo sexual?

Lección 3

Corresponde al capítulo 3
La familia contemporánea

La vida de la familia más que una ciencia es un arte. Por supuesto, debemos conocer qué significa esa realidad social que llamamos familia, debemos tener conceptos claros del papel de cada miembro de ella. Pero esos conocimientos no nos garantizan el éxito. Además de conocimiento (ciencia), la vida familiar es un arte que, como tal, requiere creatividad, amor y libertad. Justamente es este el tema que estudiaremos. Sugiero que ore al Señor para que a través de este estudio pueda captar lo que en realidad significa vivir en familia.

Metas

1. El alumno aprenderá acerca de la familia contemporánea.
2. El alumno deseará lograr una dinámica familiar sana.
3. El alumno trabajará con su familia para lograr una dinámica familiar más saludable.

Objetivos

1. Leerá el capítulo 3 del texto y contestará las preguntas de repaso del capítulo y del estudio bíblico de la lección 3.
2. Reflexionará sobre cómo mejorar la dinámica de su propia familia.
3. Tomará pasos para poner en práctica lo que ha aprendido.

En este estudio

1. Comprenderemos que, en la familia, las responsabilidades determinan las relaciones.

2. Definiremos el verdadero papel del esposo como cabeza del hogar.

3. Analizaremos las relaciones entre padres e hijos.

4. Exploraremos las maneras de ayudar al niño a hacer lo cotidiano sin frustraciones.

5. Advertiremos los problemas que puede engendrar la relación con los parientes.

Preguntas de repaso

1. Enumere las condiciones en las que vivía Adán, a pesar de lo cual estaba solo.

2. ¿En qué consiste el círculo vicioso que se da en los matrimonios y hogares actuales, y cómo se puede romper?

3. ¿Que es indispensable discernir para tener una vida con propósito, un matrimonio placentero, y una familia feliz?

4. ¿Cuál es el principio básico que expone el autor en cuanto a las relaciones familiares?

5. Explique la relación que debe haber entre la sumisión de la mujer al Señor y a su propio marido.

6. ¿Qué diferencia cree que hay entre un esposo dictador y uno cabeza de su mujer?

7. ¿Cómo explica el autor la igualdad y la diferencia entre el hombre y la mujer, y cuál es la base bíblica que lo establece?

8. ¿Por qué es inconveniente que solo el esposo tome las decisiones?

9. Aunque el esposo no siempre esté en lo cierto, ¿cuál es la responsabilidad de la esposa para facilitarle la labor y las decisiones?

10. El esposo puede ser líder aunque, no ame, o amar sin ser líder. ¿Cuál será el perfil a que llegará en cada caso?

a. Líder sin amar:

b. Amar sin ser líder:

11. Aunque en la Biblia no hay muchas exhortaciones en cuanto al amor hacia los hijos, hay varias sugerencias al respecto. ¿Cuáles son algunos textos que así lo indican?

12. Busque esos textos e indique qué implican en cuanto al amor de padres a hijos.

13. ¿Cómo se da lo que podríamos llamar «cadena del amor» entre padres, Dios, hijos, etc.?

14. Explique qué quiere decir con «respetar sinceramente el valor del niño como individuo».

15. ¿Cuáles son algunas de las necesidades reales del niño?

16. a. ¿Para qué sirven las situaciones específicas de la vida real?

b. ¿Puede dar un ejemplo de ello?

17. ¿Por qué es importante afianzar la decisión que el niño ha hecho en el plano espiritual?

18. ¿Qué razones presenta Hendricks para mostrar que el niño debe ser enseñado a hacer el mayor número posible de cosas?

19. ¿Qué resultados trae al niño el vivir con padres que confían en él?

20. a. ¿Por qué no hay que alarmarse por las riñas entre los niños?

b. ¿Cuándo cree que hay que alarmarse?

21. ¿Cuál es la razón principal por la que los cristianos tienen que mantener buenas relaciones con sus padres?

22. ¿Qué características hicieron de Noemí un ejemplo para todas las suegras?

23. Indique los pasajes de la Biblia que enseñan que los padres tienen que amar, sostener y cuidar a sus hijos.

24. ¿Cómo debieran actuar los padres ancianos en caso de que por necesidad deban vivir en la casa de alguno de sus hijos?

Estudio bíblico: Génesis 27

A continuación estudiaremos la historia de una familia con problemas: Génesis 27. Luego, conteste las siguientes preguntas:

1. Describa la situación de Isaac y su condición física según los vv. 1 y 2.
2. a. ¿Cree que esa condición resultó propicia para ser luego aprovechada por Rebeca?
   b. ¿Qué revela ese «aprovecharse» de la situación?
3. ¿Cuál era el deseo de Isaac y qué le pidió a Esaú?
4. a. ¿Qué opina de la actitud de Rebeca al llamar a Jacob y pedirle que le trajera los cabritos para hacerle una comida a su esposo?
   b. ¿Dónde radica lo malo de esa acción?
5. a. ¿Qué frase se repite en los vv. 8 y 13?
   b. ¿Qué implica eso?
6. a. ¿Temía Jacob engañar a su padre?
   b. ¿Qué expresión suya podría indicarlo?
7. Como puede verse en el relato, Isaac quería bendecir a Esaú mientras Rebeca deseaba que la bendición fuera para Jacob. ¿En qué sentido Génesis 25.28 puede dar la clave para este tipo de actitudes de Isaac y su esposa?
8. ¿Cuántas veces mintió Jacob? Observe bien el diálogo con su padre.
9. ¿Qué hecho hace de esta mentira de Jacob algo muy grave y mucho más que un mero mentir a los hombres? (Cf v. 20.)

10. ¿Qué reacción provocó en Isaac la llegada de Esaú para pedirle la bendición?

11. ¿Cómo reaccionó Esaú? (vv. 34 y 38.)

12. ¿Qué sintió Esaú hacia su hermano y qué planeó hacer?

13. Nueva intervención de la madre: ¿qué le indicó a Jacob que hiciera?

14. Toda esta situación, a. ¿Hizo feliz a la propia Rebeca? b. ¿Qué sintió ella luego?

15. La historia que sigue es una narración de sucesos tristes en la vida de estos hermanos: enemistados entre sí, con un Esaú frustrado y triste, y un Jacob que huye de su hermano, y después, de su suegro. Finalmente, se reconciliarán al cabo de años de tristeza y enfrentamientos.

    a.   A su juicio ¿pudo evitarse todo esto?

    b.   ¿Cómo?

16. ¿Qué lecciones nos da este capítulo en cuanto a los problemas de familia? Indique los siguientes hechos:

    a.   ¿Cómo se definen los papeles de cada uno de los integrantes de esta familia?

    b.   ¿Qué grado de culpa les corresponde al padre y a la madre en todo lo acontecido?

    c.   ¿Qué tipo de conductas habrían evitado los problemas que vivió esta familia?

    d.   Mencione algunos aspectos de los problemas de esta familia que también se ven en la de hoy.

Expresión

Llegó el momento de reflexionar profunda y sinceramente en la propia situación de su familia.

Instrucciones

Antes de contestar el cuestionario, ore con su familia para que el Señor les dé sabiduría y sinceridad al responder.

Luego, respondan juntos las preguntas del cuestionario, y escriba las respuestas en su cuaderno:

1. ¿Mostramos los padres el mismo grado de amor y cuidado a cada uno de nuestros hijos o tenemos diferencias?
2. a. ¿Cómo podemos ir solucionando ese problema en caso de que lo tengamos?
   b. ¿Qué debemos hacer?
3. Nuestras experiencias actuales ¿edifican o destruyen nuestra relación como miembros de la familia hacia los demás?
   a. ¿Cuáles edifican?
   b. ¿Cuáles destruyen?
4. Hendricks se refiere a seis cosas que nunca, o casi nunca, deben hacer los padres. Estúdielas y luego indique su evaluación personal. Califíquese

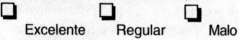

    Excelente   Regular   Malo

   a. No amenace
   b. No soborne
   c. No se enoje
   d. No rehúse dar explicaciones
   e. No emplee el sarcasmo
   f. No desvanezca sus sueños

Lección 4

La comunicación en el matrimonio

Vivimos en la era de las comunicaciones. Paradójicamente, sin embargo, es también la de la incomunicación humana. Es decir, se trata de una época caracterizada por la soledad y la incomunicación en las grandes urbes, donde el hombre está solo y extraña el diálogo personal, franco y directo.

Lamentablemente, la falta de comunicación también se da en el seno mismo del hogar. Ese es el tema de este estudio: «La comunicación en el matrimonio». Si los esposos logran, por la gracia de Dios, fomentar una comunicación fluida y motivada en sus relaciones, seguro que ello tendrá efectos positivos en la comunicación entre padres e hijos, y entre hermanos.

Metas
1. El alumno conocerá las características básicas de la buena comunicación, según la Biblia.
2. El alumno deseará que la comunicación en su familia se mejore.
3. El alumno trabajará con su familia para lograr que la comunicación en ella se mejore.

Objetivos
1. Leerá el capítulo 4 del texto y contestará las preguntas de repaso del capítulo y del estudio bíblico de la lección 4.

2. Reflexionará sobre la comunicación desde la perspectiva bíblica.

3. Trabajará en el área de comunicación con su familia.

Preguntas de repaso

1. ¿Cómo describe el autor la ingenuidad de muchos novios que llegan al matrimonio?

2. ¿Cuáles son los objetivos propuestos por Taylor en este capítulo?

3. En su caso, ¿habrá otra «arma» que se use en la «guerra matrimonial» aparte de las once que señala el autor?

4. Mencione las etapas que sigue la ira cuando surge en la relación matrimonial.

5. ¿Qué es lo más importante que hay que hacer cuando explota la ira?

6. ¿Qué revela el silencio prolongado?

7. ¿Cuál es la diferencia entre llorar con motivo justificado y llorar como mecanismo de defensa?

8. ¿Qué revela psicológicamente el querer siempre llevar la contraria?

9. ¿Qué dice Taylor para tratar el complejo de oposición permanente?

10. ¿Cómo se usa hoy el «arma sexual» en la relación matrimonial y qué peligro encierra?

11. ¿Qué revela la fuga del hogar?

12. Analice sus propias «armas de defensa y de ataque» en su relación conyugal. Luego, ore al Señor para que le ayude a dejar las amenazas y defensas a fin de lograr una relación abierta, espontánea y de amor con su pareja.

13. ¿Qué características, según Romanos 15.14, revelan a Pablo como un apóstol realmente sabio?

14. ¿Cuáles son las condiciones para poder amonestar a otra persona?

15. ¿Por qué es necesario pedir la ayuda de Dios para tener conversaciones que fortalezcan el matrimonio?

16. ¿Por qué se debe dialogar sin la presencia de los niños? Mencione dos razones.

17. ¿Cómo presentamos el tema y nuestro punto de vista?

18. ¿Por qué no hay que enojarse en el transcurso del diálogo?

19. ¿Dónde radica la principal razón que impide que pidamos perdón?

20. ¿En qué manera contrastan la ética cristiana y la mundana en cuanto a los conflictos personales y el perdón?

21. Explique por qué cada cónyuge debe aportar el 100 % y no 50 %?

22. Indique las dimensiones fundamentales de la amistad.

23. Resuma la importancia de decir la verdad en el matrimonio.

24. Elabore una lista de razones o motivos para elogiar a su cónyuge.

25. ¿Comparte sus sueños, aspiraciones, y pensamientos con su pareja? ¿Cómo?

26. Cuando estalla el conflicto en su matrimonio, ¿deja que el sol se ponga sobre su enojo? ¿Cómo lo soluciona?

27. ¿Cuáles son algunos de los temas más importantes que atañen a su familia?

28. ¿Le margina su trabajo de sus responsabilidades hogareñas? Si es así, ¿cómo piensa solucionarlo?

Estudio bíblico: Efesios 4.17-32

1. ¿Cómo describe Pablo el andar de los gentiles que no conocen a Dios (vv. 17-19)?

2. ¿Qué tipo de comunicación es la que Cristo ha manifestado hacia los creyentes según los versículos 20 y 21?

3. ¿Qué relación puede haber entre el mandato del versículo 23 y la advertencia del 25?

4. ¿Qué significa la expresión «porque somos miembros los unos de los otros» con relación a la importancia de decir la verdad?

5. Decir la verdad es importante como miembros de un cuerpo, la Iglesia, ¿qué importancia puede tener ello en la relación matrimonial?, ¿qué piensa a ese respecto?

6. Pablo nos dice que podemos airarnos, enojarnos, pero debemos hacerlo sin pecar. ¿Cómo se entiende eso?

7. ¿Cuántas palabras corrompidas (v. 29) podemos emplear?

8. ¿Cómo definiría usted una palabra corrompida?

9. ¿Qué valores tiene la palabra buena?

10. ¿Qué relación puede tener el uso del mal lenguaje con el hecho de contristar (entristecer) al Espíritu Santo?

11. ¿Cuáles de los pecados señalados (v. 31) tienen que ver con el lenguaje?

12. ¿Qué solución nos propone Pablo para el caso de que hayamos ofendido a nuestro hermano o a nuestro cónyuge?

13. ¿Cómo practica en su relación matrimonial el consejo del versículo 32?

Expresión

En las páginas 95-97, encontrará una serie de ejercicios. Resuélvalos siguiendo las instrucciones del texto, y escriba las respuestas en su cuaderno. Las personas que no estén casadas pueden hacer este ejercicio con otro miembro de su familia, con el novio(a), o con un amigo(a) que esté dispuesto. Pase un tiempo analizando como superar las dificultades en su comunicación.

Lección 5

Influencias dañinas en el hogar

Ciertos movimientos sociales como «la liberación femenina» han puesto en tela de juicio, a través de la televisión, el liderazgo del hombre en el matrimonio y en la sociedad. El machismo resulta ser, en la práctica, una distorsión de la masculinidad, al pretender ser superior a la mujer por pertenecer, simplemente, al sexo masculino.

En cuanto a la televisión es indiscutible que estamos en presencia de antivalores que es necesario criticar. Estos serán los temas que nos ocuparán en el estudio de este capítulo.

Metas

1. El alumno conocerá algunas influencias dañinas en la familia contemporánea.
2. El alumno deseará minimizar el efecto de esas influencias en su familia.
3. El alumno tomará pasos para quitar las influencias que están dañando su familia.

Objetivos

1. Leerá el capítulo 5 del texto y contestará las preguntas de repaso del capítulo y del estudio bíblico de la lección 5.
2. Reflexionará sobre las influencias que están dañando su familia.
3. Comunicará lo que ha aprendido con otros miembros de su familia.

Introducción

En este capítulo estudiaremos el interesante tema del machismo y de la hombría cristiana, escrito por el Dr. Guillermo Taylor. Seguramente será una lectura muy valiosa para pasar a definir bien la parte del hombre cristiano en el hogar. En segundo lugar, estudiaremos los efectos de la televisión en la formación de ideas y de costumbres. Nos preguntaremos: ¿Cómo influyen los medios masivos, particularmente la televisión, en el pensamiento y la acción de la gente? ¿De qué maneras la televisión muestra la realidad? ¿Cómo funcionan los «mecanismos de desinformación»? ¿A qué apela la publicidad? ¿Qué tipo de «mundo» propone? ¿Cómo desarrollar una mentalidad crítica para ver televisión sin ser atrapado por esta?

Preguntas de repaso

1. ¿De dónde sacan la mayoría de los varones sus ideales en cuanto al papel y función del hombre?
2. Según el autor, ¿cuáles son las causas posibles de la falta de funcionamiento cristiano del esposo?
3. ¿Qué implica ser cabeza según el modelo de Cristo?
4. ¿Cómo se caracteriza el amor ágape que se le exige al esposo?
5. Indique las expresiones que usa Pablo para describir el amor de Cristo por su Iglesia, aplicables al esposo cristiano.
6. ¿Qué ideas trasmiten los términos «sustentar» y «cuidar» según el griego del Nuevo Testamento?
7. ¿Qué sugiere Taylor para expresarle el amor a la esposa?
8. ¿Qué idea traduce la expresión «vivir sabiamente» en griego?
9. ¿Cómo se interpreta erróneamente la frase «vaso más frágil» referida a la mujer?
10. ¿Cómo interpreta Taylor esa misma expresión?

11. ¿Qué se entiende por «medios masivos de comunicación»?

12. Sintetice el tipo de familia que promueve la televisión.

13. ¿Coincide este perfil con el tipo de familia en su situación social? ¿Es igual? ¿Es diferente en algo? ¿En qué aspectos?

14. ¿Cuáles son los efectos que produce la televisión y qué significa cada uno?

15. Aparte de la desintegración familiar y el sexo libre ¿qué otros antivalores le parece que ofrece la televisión en su país?

16. Transcriba la definición de «publicidad».

17. ¿Cuáles son las dos coordenadas en las que opera la publicidad?

18. ¿Cómo le respondería a alguien que le diga: «A mí la publicidad no me afecta, porque no entiendo mucho de técnica publicitaria ni de sus mensajes»?

19. ¿Qué escala de valores cree usted que ofrece la televisión?

Expresión

A. Evaluación del papel masculino

Solo para hombres. Escriba las respuestas a las siguientes preguntas en su cuaderno

1. ¿De dónde tomé el modelo masculino para mi papel de hombre en la familia? ¿De la Biblia? ¿De mis parientes? ¿De mi entorno social?

2. a) Siendo sincero, ¿estoy asumiendo (o podrá asumir) el liderazgo en mi familia?

   b) Si no es así, ¿qué razones me han llevado, consciente o inconscientemente, a no asumirlo?

   Pereza _____

   Falta de enseñanza_____

En la iglesia no me han enseñado estos aspectos bíblicos _____

3. ¿Son mis actitudes hacia mi esposa e hijos (o mi novia, otros miembros de mi familia) demostrativas de auténtica masculinidad bíblica?

Sí_____

No_____

¿O son reflejo de autoritarismo?

Sí_____

No_____

4. ¿Proveo (o proveerá) para todo lo que necesita mi esposa (o novia) en lo físico?

Sí_____

No_____

¿En lo material?

Sí_____

No_____

¿En lo espiritual?

Sí_____

No_____

5. ¿En cuál de las áreas nombradas debo mejorar? ¿Cómo lo haré?

Seré más cuidadoso en lo que proveo física y materialmente para mi esposa (novia, o miembros de mi familia) _____

Buscaré la manera de ser fiel a Dios asumiendo mis responsabilidades espirituales_____

6. ¿Cómo pondré en práctica las cuatro recomendaciones que hizo Taylor sobre las maneras de expresarle amor a su esposa? Indíquelas (¡y practíquelas!).

a)

b)

c)

d)

B. Análisis de la situación de la mujer en las iglesias y en la sociedad

Solo para mujeres

1. ¿Está de acuerdo con el trato que recibe de su esposo (o padre, o novio)?

Sí _____

No _____

Más o menos _____

Explique

2. Si su esposo (padre, novio) es creyente, ¿su trato hacia usted refleja pautas bíblicas?

Sí _____

No_____

Más o menos _____

Explique

3. Como mujer, ¿se siente discriminada en la iglesia?

Sí _____

No _____

4. ¿Cuál es el área ministerial que corresponde a la mujer en la vida de la iglesia?

5. ¿Cree que hay síntomas de machismo en las actitudes de los hombres cristianos?

Sí _____

No_____

Más o menos _____

Explique

6. ¿Está de acuerdo con el lugar que la sociedad le asigna a la mujer?

Sí_____

No_____
Más o menos_____

7. ¿Qué evidencias de misoginia (aversión a la mujer) observa usted en las actitudes de los hombres?

8. ¿Cree usted que en la sociedad está aumentando el porcentaje de mujeres maltratadas por sus maridos?
   Sí_____
   No_____
   No sé_____

9. En caso de haber respondido que sí a la pregunta anterior, ¿a qué cree usted que se debe ese fenómeno?

10. ¿Cree usted que un hombre de fe y comprometido con Jesucristo será mejor esposo y padre? ¿Por qué?
    Sí _____
    No_____
    Porque _____

Para todos. «El deber de ver TV»

1. Seleccione un horario —acaso en la noche— en que pueda disponer de cierto tiempo para ver televisión con su familia.

2. Escojan un programa.

3. Apliquen la clave hermenéutica para analizar la publicidad.

4. Utilicen las siguientes pautas:

   a. ¿Coincide el programa con la escala de valores del Evangelio?

   b. ¿Promueve los valores familiares?

   c. ¿Contiene valores éticos positivos?

   d. ¿Incita a la violencia?

   e. ¿Es aconsejable para la familia cristiana?

Lección 6

La disciplina en el hogar

La disciplina de los hijos es uno de los temas más importantes para la vida de la familia. Sin embargo, es un asunto en el que existen diversos criterios. Los extremos van desde la «vía libre», donde todo es permitido, hasta el uso indiscriminado de la violencia, simbolizada por «el garrote». ¿Cuáles son las bases bíblicas de la disciplina? ¿Cómo debe corregirse a los hijos? ¿De qué manera debemos criticar las perspectivas humanistas acerca de la disciplina de los hijos? Estos son algunos de los temas que se tratarán en el presente estudio.

Metas
1. El alumno aprenderá las bases bíblicas de la disciplina.
2. El alumno deseará que la disciplina en su familia se conforme a los criterios bíblicos.
3. El alumno trabajará con su familia para lograr que la disciplina en el seno familiar refleje más los criterios bíblicos.

Objetivos
1. Leerá el capítulo 6 del texto y contestará las preguntas de repaso del capítulo y del estudio bíblico de la lección 6.
2. Reflexionará sobre las bases bíblicas de la disciplina.
3. Aplicará las bases bíblicas de la disciplina en su familia.

Todo lo que tenga que ver con la disciplina de los hijos está rodeado de problemas de diversa índole. En este capítulo estudiaremos los más frecuentes. Uno de ellos se relaciona con la aplicación de los principios bíblicos. La Biblia no es un manual específico respecto a cómo debemos corregir a nuestros hijos en cada situación concreta. Más bien establece una serie de pautas o principios que luego, con la sabiduría del Señor, tendremos que ir aplicando cuando sea necesario.

Primero veremos lo que el Dr. Taylor nos relata sobre el tema. Luego notaremos, en un segundo artículo, las influencias negativas de la disciplina, por Alberto Roldán. Concluiremos este capítulo con un análisis de cómo son los niños en sus etapas de crecimiento, escrito también por el Dr. Roldán.

En este estudio
1. Conocerá los principios básicos de la disciplina en el hogar.
2. Observará la importancia y límites de los castigos.
3. Sentirá la necesidad de involucrar a la familia en las decisiones.
5. Advertirá cuáles son las bases bíblicas para corregir a los hijos.

Preguntas de repaso

Parte I
Esta parte del estudio consiste en evaluar las pautas con que disciplina a sus hijos y los resultados que hasta ahora pueda ver en ellos.

1. ¿Está claro en la mente de nuestros hijos la manera en que esperamos que se comporten, o hay dudas?, ¿cómo lo sabemos?

2. ¿Qué tipos de medidas disciplinarias les aplicamos? ¿Debiéramos incorporar alguna de las estudiadas en esta semana?
3. ¿Cómo describiríamos el ambiente de nuestro hogar? ¿Es agradable o hay aspectos que deben cambiar?
4. ¿De qué maneras les expresamos amor a nuestros hijos?
5. ¿En qué aspectos deben cambiar para llegar a ser verdaderos cristianos consagrados al Señor? ¿Qué haremos para lograrlo?
6. ¿Tenemos interferencias por parte de abuelos y parientes en la aplicación de la disciplina? ¿Qué pasos específicos vamos a dar para superar este problema?

Parte II

1. ¿Cómo es la actividad del niño en las siguientes edades:
    a. A los 6 años:
    b. A los 7 años:
    c. A los 9 años:
2. Sintetice cómo es el niño en lo intelectual y en su conducta en las siguientes edades:
    a. A los 6 años:
    b. A los 7 años:
    c. A los 8 años:
    d. A los 9 años:
3. Indique cinco características del niño de 10 años en cuanto a sus relaciones interpersonales:
    a.
    b.
    c.
    d.
    e.

4. Señale las características en el desarrollo sexual del niño y de la niña en la preadolescencia.
   a. Niño:
   b. Niña:
5. Indique cómo son las relaciones interpersonales del preadolescente.
6. ¿A qué resultados llegó en la investigación del aspecto moral en los niños de la edad intermedia?
   a.
   b.
   c.
7. ¿Qué implicaciones tiene para los padres la formación espiritual y moral del preadolescente?

Evaluación como padres
8. ¿Coinciden en términos generales las descripciones del juego del niño con la experiencia de mis hijos?
9. ¿Cuál es mi actitud como padre (o madre) hacia el juego de mi hijo?
10. ¿En qué tipo de juegos he participado o participo con mi hijo?
11. ¿Qué actitudes debiera cambiar como padre (o madre) en relación al juego y la recreación de mi hijo?
12. ¿Cómo fomento en mis hijos un espíritu de gratitud y reconocimiento hacia el Creador y por las destrezas que puedan llegar a adquirir?

Estudio bíblico

Ningún aspecto es más peligroso que el de la disciplina de nuestros hijos. Cuando no hay base para la decisión, el péndulo disciplinario se mece entre la severidad excesiva y la permisividad inexcusable. ¿Cómo encuentra respuesta el padre? En el estudio bíblico de esta semana (Hebreos 12.4-11; Efesios 6.1-4) veremos lo que Dios nos dice acerca de la disciplina. Lea los pasajes bíblicos señalados y conteste las preguntas a continuación:

A. La disciplina de Dios para sus hijos (Hebreos 12.4-11).
1. ¿Qué reacciones negativas puede provocar la disciplina del Señor?
   a.
   b.
2. ¿Qué manifiesta la disciplina divina?
3. ¿Puede la disciplina de Dios ser severa? En caso afirmativo, ¿qué formas concretas puede adoptar?
4. ¿Qué mostraría el hecho de que Dios nos dejara de disciplinar?
5. Indique dos contrastes, según el autor, en cuanto a nosotros como padres y a Dios como Padre.
   a.
   b.
6. ¿Por qué la disciplina, aunque no sea agradable, debe aceptarse con humildad?

B. La disciplina entre padres e hijos (Efesios 6.1-4)
7. ¿Cuál es el deber básico de los hijos y en qué se fundamenta?
8. ¿En qué formas concretas se evidencia la honra a los padres?
9. ¿De qué manera los padres podemos hacer que se enojen nuestros hijos?
10. ¿Qué significa criar a los hijos «en disciplina y amonestación del Señor»?

Expresión

Aparte un tiempo adecuado con su familia para dialogar acerca de la disciplina. Lean pasajes de la Biblia que orienten acerca del deber de padres e hijos, y acerca de la disciplina. Haga una lista de qué puede hacer cada miembro de la familia para que la disciplina en el hogar se conforme más a las bases bíblicas. Escriba la lista en su cuaderno y traten de poner en práctica lo escrito.

Lección 7

Las finanzas del hogar

«Pocas cosas provocan tanta tensión como el problema de las finanzas, y pocas cosas prueban más nuestra espiritualidad que el uso del dinero» (Guillermo Taylor). La economía y las finanzas, en efecto, no solo son materia de discusión a nivel nacional y mundial, sino también de discusión y tensión en el seno de la misma familia. Cada día que el ama de casa tiene que ir a hacer las compras al mercado debe responder a preguntas básicas: ¿qué necesito?, ¿qué compro?, ¿cuánto cuesta tal cosa?, ¿me alcanzará el dinero?

Ciertamente, las respuestas a tales preguntas provocan tensiones, sobre todo en el ámbito de América Latina, donde los salarios que no alcanzan y la inflación, que en algunos casos llega hasta las nubes, provocan un aumento constante de los precios.

Por otra parte, es necesario establecer a la luz de la Biblia en qué consiste la responsabilidad de la familia cristiana respecto a diezmos y ofrendas.

En este estudio buscaremos respuestas bíblicas que nos ayuden a comprender y mejorar esos aspectos de la economía y las finanzas del hogar.

Metas
1. El alumno aprenderá cómo manejar mejora las finanzas del hogar.
2. El alumno deseará tener un mejor manejo de finanzas.
3. El alumno trabajará con su familia para lograr un mejor manejo de finanzas.

Objetivos

1. Leerá el capítulo 7 del texto y contestará las preguntas de repaso del capítulo y del estudio bíblico de la lección 7.
2. Reflexionará sobre el manejo actual de finanzas, y cómo mejorarlo.
3. Trabajará para poner en práctica algunos principios para mejorar el manejo de finanzas.

Hay un sentimiento muy arraigado dentro de nosotros y es que nos creemos dueños de lo que poseemos. Por el mero hecho de haber logrado ganar dinero y con ello adquirir cosas, ya nos creemos propietarios absolutos de las cosas. Pero ¿es eso correcto según la Biblia? ¿Qué nos dice Dios acerca del dinero y las cosas materiales? ¿Qué abarca la «mayordomía cristiana»? Estas y otras cuestiones fundamentales se tratarán en este estudio.

En este estudio

1. Definiremos lo que significa «mayordomía cristiana».
2. Conoceremos actitudes correctas hacia el dinero.
3. Advertiremos la importancia de un presupuesto familiar.
4. Confeccionaremos un presupuesto tentativo.
5. Conoceremos las bases bíblicas para las ofrendas.
6. Elaboraremos un plan de ofrendas para el Señor.

Preguntas de repaso

1. Tomando como base lo que el autor dice respecto a mayordomía cristiana, redacte una definición con sus propias palabras.
2. Indique los dos textos que fundamentan el hecho de que todo es de Dios.

3. ¿Por qué cree que el amor al dinero es la raíz de todos los males?
4. ¿Qué ventajas prácticas puede tener el hecho de fijar prioridades concretas para las necesidades de su familia?
5. ¿Cómo se puede diferenciar el afán y la ansiedad de la previsión en cuanto a las cosas materiales?
6. Indique tres actitudes correctas que deben enseñarse a los niños en cuanto al dinero.
   a.
   b.
7. ¿Qué opina de las excusas para no vivir bajo un presupuesto familiar?
8. ¿Cómo ofrendan al Señor la mayoría de las familias cristianas?
9. En su opinión, ¿a qué obedece este tipo de actitud?
10. Indique los textos citados por Taylor que se refieren al diezmo en el Antiguo Testamento.
11. ¿Cuáles son los cinco principios que surgen de los pasajes de 1 Corintios 16.2; 2 Corintios 8.1-5 y 9.6-8?
12. De esos cinco principios ¿cuál le parece que es el más importante y del cual dependería el cumplimiento de los otros y por qué?
13. En su opinión, un cristiano que, argumentando que en el Nuevo Testamento no hay mandamiento directo sobre el diezmo y basado en ello da limosnas al Señor (es decir, ni siquiera el 10%), ¿cumple con el espíritu de los pasajes estudiados en el Nuevo Testamento? ¿Por qué?
14. ¿Qué importancia tiene el hecho de involucrar a los niños en la práctica de ofrendar al Señor?

Trabajo práctico

1. Preparación de un presupuesto
   a. Repase la sección del capítulo: «Administre con un presupuesto».
   b. Tomando uno de los dos modelos presentados, y revisando sus entradas y salidas, prepare un presupuesto personal.
2. Habiendo leído atentamente las sugerencias sobre cómo hacer compras, ahora debe reunirse con su cónyuge para hacer la siguiente tarea:
   a. Lean otra vez las sugerencias del Dr. Taylor.
   b. Hagan una lista de las cosas que necesitan con carácter urgente o impostergable (comestibles, artículos de limpieza, etc.).
   c. Con la lista en mano, recorran tres diferentes negocios y comparen precios, estilos, y calidad.
   d. Hagan las compras siguiendo las pautas enseñadas.
   e. Al llegar a casa evalúen la tarea hecha. ¿En qué sentido fue una tarea interesante? ¿Qué lecciones extrajeron? ¿Qué cambios supone en sus hábitos de comprar?
3. El tema de los diezmos y ofrendas es uno de los más importantes en el área de la familia y de la Iglesia. Es, también, uno de los asuntos que más conflictos puede acarrear, sobre todo si se es desobediente o indisciplinado en ese aspecto. El enfoque actual, eminentemente bíblico y práctico, será: ¿cuánto apartarán de su presupuesto para dar al Señor? Pida al Señor un corazón sensible a Su palabra y, sobre todo, obediente. Hablen, conversen, oren, decidan. Acuerden cumplir con esta decisión.

Expresión

Llegó el día de evaluarnos con sinceridad y realismo en este aspecto tan delicado de las finanzas. Antes de hacerlo, únase a su cónyuge (novio o novia, o ore solo si es soltero o soltera) en oración para que el Señor, por Su Espíritu, obre en los dos de modo que al evaluarse lo hagan con profundidad y con el ánimo de cambiar en aquello en que deban cambiar para Su gloria. Hagan sus decisiones una por una al responder a las siguientes preguntas:

1. La mayordomía cristiana abarca el uso de nuestro tiempo, nuestro dinero y nuestros dones. ¿En qué aspecto de esos ámbitos debemos hacer mayores cambios si no estamos marchando bien?
2. ¿En qué manera nos consideramos como compradores? ¿Compramos por impulso, sin cálculo previo o con pautas definidas?
3. ¿Somos un buen ejemplo para los hermanos de la iglesia en cuanto a nuestra manera de ofrendar al Señor?
4. ¿Qué cambios tenemos que hacer en la práctica de nuestros diezmos y ofrendas? Elaboren un plan de acción.
5. Piensen en algunas sugerencias para enseñar a sus hijos cómo ofrendar al Señor.

Lección 8

La mayoría de los seres humanos hemos tenido el privilegio de nacer en una familia. Pero el tiempo va pasando y poco a poco nos vamos independizando. La etapa del noviazgo culmina en el casamiento. En caso contrario, la ruptura produce heridas difíciles de cicatrizar. Y esa frustración hace que algunos nunca lleguen a casarse.

Por otra parte, no siempre el matrimonio resulta un éxito. Factores diversos inciden para que muchos matrimonios fracasen.

De diferente índole, es la situación de la madre soltera. Un problema que se acentúa en la sociedad, y en la vida de la misma iglesia. ¿Cómo aconsejar en estos casos? ¿Cómo orientar?

Por último, cuando se llega a la ancianidad, muchas veces el ser humano se siente decaído y en profunda soledad. Casi nadie se acerca al anciano.

En este estudio, enfocaremos estas realidades que de algún modo afectan a la familia de hoy: novios, solteros, separados, madres solteras y ancianos.

Metas

1. El alumno aprenderá algunas pautas para novios, solteros, ancianos, y separadas.
2. El alumno deseará actuar en una forma que agrada a Dios en la situación en la que se halla.
3. El alumno trabajará para poner en práctica los criterios bíblicos.

Objetivos

1. Leerá el capítulo 8 del texto y contestará las preguntas de repaso del capítulo y del estudio bíblico de la lección 8.
2. Reflexionará sobre las diferentes clases de personas mencionadas.
3. Tomará pasos para poner en práctica pautas bíblicas.

Preguntas de repaso

Parte I

Lea la lectura «El dulce tiempo del noviazgo» y conteste las siguientes preguntas:

1. ¿Cómo se define el noviazgo?
2. ¿Cuáles serían las ventajas y desventajas si fuesen los padres quienes nos eligen el novio o novia?
3. ¿Cuál es el aspecto distintivo del noviazgo como relación de amistad?
4. ¿Qué aspectos o facetas del amor deben estar incluidos en el noviazgo?
5. ¿En qué se diferencia el verdadero amor del enamoramiento?
6. ¿Cuál es el «mínimo no negociable» en cuanto a la persona que elige para ser su cónyuge?
7. Señale tres riesgos que puede acarrear el hecho de casarse con una persona inconversa.
8. ¿Cuáles son los propósitos del noviazgo en las esferas intelectual, afectiva, emocional y espiritual?
9. ¿Por qué el amor cristiano no suplanta al amor erótico?
10. ¿Qué implican las distintas etapas en la escala de relación física y romántica?
11. ¿Qué piensa de las respuestas a los tres argumentos que favorecen las relaciones prematrimoniales? ¿Pue-

des agregar otros elementos a esas respuestas?

12. ¿Como respondería al siguiente argumento: «Las relaciones prematrimoniales son necesarias porque prueban que existe un buen ajuste sexual entre la pareja, y garantizan el éxito del matrimonio»?

Parte II

Lea «El mundo del soltero» y luego responda las preguntas.

1. Resuma en sus palabras lo negativo y lo positivo de estar soltero.
2. Indique los sentimientos negativos que puede desarrollar el soltero.
3. En su opinión:
   a. ¿Aumenta o disminuye el estigma del soltero?
   b. ¿Por qué razones?
4. ¿Cuál es la responsabilidad de la Iglesia en relación al soltero?
5. ¿Qué debe hacer el soltero para asumir positivamente su rol?
6. En su opinión: ¿quién sufre más anímica y psíquicamente: el hombre soltero o la mujer soltera? ¿Por qué?

Parte III

Lea el artículo «Cómo ayudar a los divorciados y/o separados», y luego conteste el cuestionario.

1. ¿Por qué el tema del divorcio y la separación es mucho más que una cuestión teológica?
2. ¿Cuál sería la razón básica por la que un recién separado está en mejor disposición de aceptar al Evangelio?
3. ¿Cómo distinguiría entre «culpa real» y «culpa ficticia»?

4. El fracaso en un matrimonio ¿es culpa de uno de los cónyuges o de ambos? ¿Qué piensa, y cuáles son sus argumentos, a ese respecto?

5. ¿Qué es más fácil de resolver, en su opinión: La ira hacia los demás o la ira consigo mismo, en el caso del separado? ¿Por qué?

6. ¿Cómo sufren los hijos la crisis de la separación de sus padres?

7. Si los padres hubieran pensado más en la situación de los hijos, ¿cree que habrían podido evitar el divorcio o la separación?

8. Indique dos pasos importantes que debe dar un consejero o la iglesia para ayudar a las personas separadas en su rehabilitación.

Parte IV

Lea el capítulo «Madres solteras», y responda las preguntas.

1. ¿Qué organismos deben dedicarse a la atención de las madres solteras?

2. ¿Cuáles de las causas señaladas por Narramore surgen por una deficiencia en el hogar?

3. ¿Qué motivaciones pueden llevar a una joven a tener relaciones sexuales sin casarse?

4. a. ¿Cuál debiera ser la actitud cristiana por parte de los padres, en base a Gálatas 6.1?

   b. ¿Cree que es esa una actitud frecuente o no? ¿Por qué?

5. a. ¿Por qué es importante ayudar a la joven a enfrentar sus sentimientos de culpa?

   b. ¿Qué tenemos que enfatizar en la orientación pastoral?

6. En su opinión, ¿cree que es correcto obligar a casarse a la joven y el muchacho que han tenido relaciones sexuales porque derivaron en un embarazo? ¿Por qué?
7. ¿Cuál sería el mejor lugar para cuidar y criar al niño?

Parte V
Estudie el artículo «En casa vive un anciano» y responda las preguntas.

1. ¿Qué demuestra el aumento del número de ancianos?
2. ¿En qué consiste el problema que hay que resolver?
3. ¿Cuáles son las transformaciones físicas que condicionan cambios psicológicos y de carácter?
4. ¿Qué tipos de sentimientos y emociones provoca en el anciano el quedar paulatinamente postergado?
5. ¿Qué piensa del adagio que dice: «Trata a tus padres como quisieras que te traten tus hijos»?
6. Lea los siguientes pasajes: Job 12.12; Proverbios 20.29; 23.22 y responda:
    a. ¿Qué perspectiva ofrecen esos textos en cuanto al anciano?
    b. ¿Qué actitud debe tener hacia ellos?
    c. ¿Qué cambios debe producir en su acercamiento a los ancianos?

Expresión
Si usted pertenece a una de las categorías mencionadas en este capítulo (novios, solteros, ancianos, separados) analice su actitud y sus acciones hacia personas que pertenecen a las otras categorías. (En caso de que usted no pertenezca a ninguna, analice sus actitudes y sus acciones hacia las personas que pertenecen a todas.) Escriba en su

cuaderno los pasos que va a tomar para tratar con las personas de cada categoría según su dignidad como criatura de Dios, y tomando en cuenta sus necesidades especiales y lo que ellas pueden hacer en la Iglesia.

Manual para el facilitador

Introducción

Este material ha sido preparado para el uso del facilitador de un grupo o peña. Dicho facilitador guiará a un grupo de 5-10 estudiantes a fin de que completen el curso de ocho lecciones. La tarea demandará esfuerzo de parte del facilitador, ya que, aunque él no es el instructor en sí (el libro de texto sirve de «maestro»), debe conocer bien el material, animar y dar aliento al grupo, y modelar la vida cristiana delante de los miembros del grupo

Instrucciones específicas
Antes de la reunión: Preparación
A. Oración: expresión de nuestra dependencia en Dios
   1. Ore por usted mismo.
   2. Ore por los estudiantes.
   3. Ore por los que serán alcanzados y tocados por los alumnos.
B. Reconocimiento
   1. Reconozca su identidad en Cristo (Romanos 6-8).
   2. Reconozca su responsabilidad como maestro o facilitador (Santiago 3.1-17).
   3. Reconozca su disposición como siervo (Marcos 10.45; 2 Corintios 12.14-21).
C. Preparación
   1. Estudie la porción del alumno sin mirar la guía para el facilitador, es decir, como si usted fuese uno de los estudiantes.
      a. Note aspectos difíciles, así se anticipará a las preguntas.

    b. Tome nota de ilustraciones o métodos que le vengan a la mente mientras lee.

    c. Tome nota de aspectos que le sean difíciles a fin de investigar más, usando otros recursos.

2. Estudie este manual para el facilitador, confirmando las respuestas para las preguntas de repaso.

3. Reúna otros materiales, ya sea para ilustraciones, para aclaraciones, o para proveer diferentes puntos de vista a los del texto.

Durante la reunión: Participación

Recuerde que las reuniones de grupo sirven no solo para desarrollar a aquellos que están bajo su cuidado como facilitador, sino también para edificar, entrenar y desarrollarlo a usted. La reunión consiste de un aspecto clave en el desarrollo de todos los participantes, debido a las dinámicas de la reunión. En la peña varias personalidades interactuarán, tanto unos con otros, como también con Dios. Habrá personalidades diferentes en el grupo y, junto con esto, la posibilidad para el conflicto. No le tenga temor a esto. Parte del «currículum» será el desarrollo del amor cristiano. Tal vez Dios quiera desarrollar en usted la habilidad de solucionar conflictos entre hermanos en la fe. De cualquier modo, nuestra norma para solucionar los problemas es la Palabra inerrante de Dios. Su propia madurez, su capacidad e inteligencia iluminada por las Escrituras y el Espíritu Santo lo ayudarán a mantener un ambiente de armonía. Si es así, se cumplen los requisitos del curso y, lo más importante, los deseos de Dios. Como facilitador, debe estar consciente de las siguientes consideraciones:

A. El tiempo u horario:

1. La reunión debe ser siempre el mismo día, a la misma hora, y en el mismo lugar ya que esto evitará confusión. El facilitador siempre debe tratar de llegar con media hora de anticipación para asegurarse de que todo esté preparado para la reunión y resolver cualquier situación inesperada.

2. El facilitador debe estar consciente de que el enemigo a veces tratará de interrumpir las reuniones o traer confusión. Tenga mucho cuidado con cancelar reuniones o cambiar horarios. Comunique a los participantes en la peña la responsabilidad mutua que tienen el uno hacia el otro. Esto no significa que nunca se debe cambiar una reunión bajo ninguna circunstancia. Más bien quiere decir que se tenga cuidado y que no se hagan cambios innecesarios a cuenta de personas que por una u otra razón no pueden llegar a la reunión citada.

3. El facilitador debe completar el curso en las ocho semanas indicadas (o de acuerdo al plan de estudios elegido).

B. El lugar:

1. El facilitador debe asegurarse de que el lugar para la reunión estará disponible durante el tiempo que dure el curso. También deberá tener todas las llaves u otros recursos necesarios para utilizar el local.

2. El lugar debe ser limpio, tranquilo y tener buena ventilación, suficiente luz, temperatura agradable y suficiente espacio a fin de poder sacarle buen provecho y facilitar el proceso educativo.

3. El sitio debe tener el mobiliario adecuado para el aprendizaje: una mesa, sillas cómodas, una pizarra para tiza o marcadores que se puedan borrar. Si no hay mesa, los

estudiantes deben sentarse en un círculo a fin de que todos puedan verse y escucharse el uno al otro. El lugar entero debe contribuir a una postura dispuesta hacia el aprendizaje. El sitio debe motivar al alumno a trabajar, compartir, cooperar y ayudar en el proceso educativo.

C. La interacción entre los participantes:
1. Reconocimiento:
   a. Saber el nombre de todos.
   b. Saber los datos sencillos: familia, trabajo, nacionalidad.
   c. Saber algo interesante de ellos: comida favorita, etc.
2. Respeto para todos:
   a. Se debe establecer una regla en la reunión: Una persona habla a la vez y todos los otros escuchan.
   b. No burlarse de los que se equivocan ni humillarlos.
   c. Entender, reflexionar, y/o pedir aclaración antes de responder a lo que otros dicen.
3. Participación de todos:
   a. El facilitador debe permitir que los alumnos respondan sin interrumpirlos. Debe dar suficiente tiempo para que los estudiantes reflexionen y compartan sus respuestas.
   b. El facilitador debe ayudar a los alumnos a pensar, a hacer preguntas y a responder, en lugar de dar todas las respuestas él mismo.
   c. La participación de todos no significa necesariamente que todos los alumnos tengan que hablar en cada sesión (ni que tengan que hablar desde el principio, es decir, desde la primera reunión), más bien quiere decir, que antes de llegar a la última lección todos los alumnos deben sentirse cómodos al hablar, participar y responder sin temor a ser ridiculizados.

Después de la reunión: Evaluación y oración

A. Evaluación de la reunión y oración:

1. ¿Estuvo bien organizada la reunión?
2. ¿Fue provechosa la reunión?
3. ¿Hubo buen ambiente durante la reunión?
4. ¿Qué peticiones específicas ayudarían al mejoramiento de la reunión?

B. Evaluación de los alumnos:

1. En cuanto a los alumnos extrovertidos y seguros de sí mismos: ¿Se les permitió que participaran sin perjudicar a los más tímidos?
2. En cuanto a los alumnos tímidos: ¿Se les animó a fin de que participaran más?
3. En cuanto a los alumnos aburridos o desinteresados: ¿Se tomó especial nota a fin de descubrir cómo despertar en ellos el interés en la clase?

C. Evaluación del facilitador y oración:

1. ¿Estuvo bien preparado el facilitador?
2. ¿Enseñó la clase con buena disposición?
3. ¿Se preocupó por todos y fue justo con ellos?
4. ¿Qué peticiones específicas debe hacer al Señor a fin de que la próxima reunión sea aún mejor?

Ayudas adicionales

1. Saludos: Para establecer un ambiente amistoso caracterizado por el amor fraternal cristiano debemos saludarnos calurosamente en el Señor. Aunque la reunión consiste de una actividad más bien académica, no debe ca-

recer del amor cristiano. Por lo tanto, debemos cumplir con el mandato de saludar a otros, como se encuentra en la mayoría de las epístolas del Nuevo Testamento. Por ejemplo, 3 Juan concluye con las palabras: «La paz sea contigo. Los amigos te saludan. Saluda tú a los amigos, a cada uno en particular». El saludar provee una manera sencilla, pero importante, de cumplir con los principios de autoridad de la Biblia.

2. Oración: La oración le comunica a Dios que estamos dependiendo de Él para iluminar nuestro entendimiento, calmar nuestras ansiedades y protegernos del maligno. El enemigo intentará interrumpir nuestras reuniones por medio de la confusión, la división y los estorbos. Es importante reconocer nuestra posición victoriosa en Cristo y seguir adelante. El amor cristiano y la oración sincera ayudarán a crear el ambiente idóneo para la educación cristiana.

3. Creatividad: El facilitador debe hacer el esfuerzo de emplear la creatividad que Dios le ha dado tanto para presentar la lección como también para mantener el interés durante la clase entera. Su ejemplo animará a los estudiantes a esforzarse en comunicar la verdad de Dios de manera interesante. El Evangelio de Marcos reporta lo siguiente acerca de Juan el Bautista: «Porque Herodes temía a Juan, sabiendo que era varón justo y santo, y le guardaba a salvo; y oyéndole, se quedaba muy perplejo, pero le escuchaba de buena gana» (Marcos 6.20). Y acerca de Jesús dice: «Y gran multitud del pueblo le oía de buena gana» (Marcos 12.37b). Notamos que las personas escuchaban «de buena gana». Nosotros debemos esforzarnos para lograr lo mismo con la ayuda de Dios.

Se ha dicho que es un pecado aburrir a las personas con la Palabra de Dios. Pídale ayuda a nuestro Padre bondadoso, todopoderoso y creativo a fin de que lo ayude a crear lecciones animadas, gratas e interesantes.

Conclusión

El beneficio de este estudio dependerá de usted y de su esfuerzo, interés y dependencia en Dios. Si el curso resulta ser una experiencia grata, educativa y edificadora para los estudiantes, ellos querrán hacer otros cursos y progresar aún más en su vida cristiana. Que así sea con la ayuda de Dios.

Estructura de la reunión

1. Dé la bienvenida a los alumnos que vienen a la reunión.
2. Ore para que el Señor calme las ansiedades, abra el entendimiento, y se manifieste en las vidas de los estudiantes y el facilitador.
3. Repase la lección.
4. Converse con los alumnos las preguntas de repaso. Asegure que hayan entendido la materia y las respuestas correctas. Pueden hablar acerca de las preguntas que le dieron más dificultad, que fueron de mayor edificación, o que expresan algún concepto con el cual están en desacuerdo.
   a. Anime a los estudiantes a completar las metas para la próxima reunión.
   b. Conversar acerca de las «preguntas para reflexión». No hay una sola respuesta correcta para estas preguntas. Permita que los alumnos expresen sus propias ideas.

5. Revise los cuadernos de los alumnos para asegurar que estén haciendo sus tareas para cada lección.
6. Termine la reunión con una oración y salgan de nuevo al mundo para ser testigos del Señor.

Revisión de tareas

a) El cuaderno de trabajo

El facilitador debe revisar el cuaderno con las respuestas a las preguntas de repaso y del estudio bíblico a mediados del curso y al final de este. Para mediados del curso, el facilitador no tiene que calificar el cuaderno. Solamente tiene que revisarlo para asegurarse que el alumno esté progresando en el curso. Para el final del curso, el facilitador debe dar una nota de acuerdo con el porcentaje de respuestas escritas en el cuaderno. Si el alumno ha escrito las respuestas a las preguntas de repaso y del estudio bíblico de todas las lecciones, recibirá 10 puntos del total de 100 que vale la nota final por haber cumplido con esta tarea. Si no ha hecho nada, recibirá 0 puntos. Si ha contestado solamente algunas preguntas, recibirá el porcentaje correspondiente. El facilitador no tiene que evaluar cuán bien ha escrito las respuestas, sino solamente *si ha cumplido con la tarea o no.* (La comprensión correcta de la materia por parte del alumno será evaluada en el examen final.) Cuando haya revisado el cuaderno, el facilitador debe enviar un informe a la oficina de FLET, señalando las calificaciones de los alumnos para esta tarea.

b) Informe de lectura adicional

El facilitador debe pedir que los alumnos entreguen sus informes al final del curso, el día que se toma el examen final. Este informe de lectura debe ser enviado a la oficina de

FLET para su evaluación, junto con la hoja de respuestas del examen final. La calificación estará a cargo del personal de la oficina de FLET y se basará en el porcentaje de la tarea correctamente cumplida.

c) El ensayo

A mediados del curso, el alumno debe entregar una hoja al facilitador que incluya el tema de su ensayo y un bosquejo del mismo. El facilitador no tiene que calificar esto, sino asegurar que el alumno esté planificando su ensayo. Si el alumno no ha comenzado, anímelo a empezar. El ensayo final debe ser enviado a la oficina de FLET para su calificación, junto con las hojas de respuestas del examen final y el informe de lectura adicional.

d) El examen final

El examen será calificado en la oficina de FLET.

El facilitador debe pedir copias del examen, y las hojas de respuestas, con suficiente anticipación para tomar el examen en la fecha establecida.

Calificación final

La nota final será calculada según los siguientes porcentajes:

Cuaderno de apuntes	10%
Informe de lectura adicional	10%
Ensayo	40%
Examen final	40%
Total	100%

Respuestas a las preguntas de repaso y estudio bíblico

Lección 1

Comprobación de las preguntas de repaso

1. Descubrió que en esos capítulos estaba resumida la esencia de la verdad de Dios tocante al hombre y a la mujer, y a su relación con Dios y entre sí.
2. Descubrió que existe un total desacuerdo entre la Biblia y el pensamiento del mundo en relación con el matrimonio y el divorcio, y que la mujer fue engañada por Satanás.
3. a. Espiritual.
   b. Intelectual.
   c. Emocional.
   d. Físico.
4. Se refiere a una relación benéfica en la que una persona ayuda a sostener a otra como amiga y aliada.
5. Fue diseñado para aliviar la soledad fundamental que todo ser humano experimenta.
6. Puede venir de una raíz que significa «ser suave», que tal vez sea una expresión de la deleitosa y original femineidad de la mujer.
7. Tiene que continuar honrando a su padre y a su madre, cuidando y siendo responsable por ellos. Pero el que se casa debe dejar a sus padres para bien de su propio matrimonio.
8. Algunas definiciones son: pegarse, adherirse a, permanecer juntos, mantenerse firme, perseverar.

9. a. Una constante lealtad.

   b. Un amor activo.

10. Implica que el amor sexual en el ámbito del matrimonio es algo puro y digno ante los ojos de Dios. De otra manera se podría pensar que Pablo no utilizaría esa ilustración con referencia a Cristo y la Iglesia.

Comprobación de las preguntas del estudio bíblico

1. a. Para indicar que la soledad del hombre es una carencia.

   b. No era bueno, en el sentido de que era inadecuado para él como persona hecha a la imagen de Dios. De paso, recordemos que al ser creados por un Dios trino, que implica pluralidad de personas en la Deidad, el hombre también necesita la compañía de otras personas.

   c. No era completo en cuanto a que no podía compartir con otros seres semejantes a él en diálogo, afecto y realización de proyectos comunes.

2. a. En el sentido de ser alguien que complementa al hombre y es ayuda adecuada para el hombre.

   b. Implica unidad en la diversidad. Es decir, la ayuda adecuada del varón no es otro varón, sino una mujer. Implica que la complementación del hombre no puede concretarse a plenitud en la homosexualidad — en cualquiera de sus variantes. Dios creó al hombre con diferenciación sexual: varón y mujer.

3. Muy probablemente esa experiencia tuvo por finalidad que Adán observara que entre los animales ninguno podría llegar a ser su ayuda adecuada.

4. Una emoción de gozo y realización plena. Una experiencia de alegría desbordante y, por qué no, de estremecimiento aun físico.

5. a. En primer término hace referencia a la unión sexual.
   b. Involucra aspectos como: sexualidad, emociones y sentimientos. Es decir, la unidad de todas las dimensiones de la persona humana.

6. a. No sentían vergüenza.
   b. Era así porque el pecado todavía no había afectado al hombre ni a la mujer. La vergüenza —de alguna manera— es fruto del pecado.
   c. En la actualidad hay quienes sienten vergüenza de su cuerpo y de su desnudez en la relación íntima matrimonial. Pero ello es fruto de factores ajenos al propósito de Dios, que creó nuestros cuerpos, incluida la sexualidad. La vergüenza en esta área de la vida íntima viene de factores culturales e influencias extrañas. (El alumno puede pensar en otras razones.)

Lección 2

Comprobación de las preguntas de repaso
1. Génesis 1.1; Colosenses 1.16; Hebreos 11.3.
2. Son, entre otros: a. alma, b. cuerpo, c. mente, d. espíritu. [Nota: En realidad, en la visión bíblica del hombre, éste es una unidad integral. Cuando la Biblia usa términos como «alma», «carne», «espíritu», etc., se refiere al hombre total, visto desde cierto ángulo o enfatizando cierto aspecto. (Véase el artículo del autor: «El peligro de una an-

tropología deficiente en la evangelización», en *La perso-na que soy*, Miami, Logoi-Unilit, pp. 219-221).

3. Porque el hombre fue creado a la imagen de Dios, y Dios, en Jesucristo, murió por el hombre.

4. Algunas son: comer, dormir, cantar, etc. Prácticamente no hay actividad humana donde lo espiritual y lo corporal no intervengan al mismo tiempo. Ello confirma lo que decíamos en la ampliación de la pregunta anterior.

5. a. personalidad
   b seguridad humana
   c. valores humanos básicos
   d. civilización
   e. reino de Dios

6. Respuesta personal. Una respuesta orientadora sería: Primero, porque la monogamia está indicada en el mandamiento: «...y los dos serán una sola carne». No dice: «los tres o cuatro serán, alternativamente, una sola carne». Segundo, porque la monogamia da confianza e intimidad a la pareja y un sentido de seguridad a los hijos. En caso contrario, surgen serios inconvenientes y los hijos pueden preguntarse: ¿a quién le hago caso? ¿quién es mi papá?, etc.

7. Porque el matrimonio es también una relación reproductora (Gn 1.28). El no querer tener hijos se opone a la voluntad de Dios en cuanto a que nos fructifiquemos y nos multipliquemos y, en segundo término, la pareja se privaría de una completa satisfacción al no procrear. (Otra cuestión diferente es que una pareja no pueda, por alguna razón, engendrar hijos.)

8. Respuesta personal. Una idea puede ser esta: La relación sexual no es un apéndice del matrimonio, sino su esencia, según se desprende de Génesis 2.24.

9. Respuesta personal. Una orientación sería: Porque la actitud mental con que encaramos cualquier cosa es fundamental para que tenga éxito. Sentir que la sexualidad es algo malo, pecaminoso, o «un mal necesario», tendrá efectos negativos en cada experiencia sexual en el matrimonio.

10. Solo es un aspecto de la personalidad total del individuo. De ninguna manera es la totalidad, como si el hombre fuese solo sexo.

11. Al contrario, Dios quiere —y por eso diseñó al sexo de ese modo— que la relación íntima entre marido y mujer sea acompañada de placer intenso. La base bíblica es amplia. Además de Proverbios 5.18, podemos citar todo el libro de Cantar de los Cantares y la disposición de Deuteronomio 24.5.

12. Considerada como un medio, la sexualidad es positiva para que la pareja alcance una plena madurez. De lo contrario, cuando es un fin en sí misma se transforma en ídolo, y todo lo que ocupe el lugar de Dios no puede ser de bendición.

13. Respuesta personal. Una orientación sería: En cualquiera de los dos casos se produce una distorsión de lo que es la sexualidad en el plan de Dios. Cuando solo es física, la pareja no alcanza una plenitud interpersonal; cuando solo es espiritual, no logra satisfacer física y emocionalmente a los cónyuges.

14. Porque son totalmente contrarias al plan del Creador que desea que la relación entre hombre y mujer sea de por vida.

15. Provee a los hijos de un ambiente positivo en el que crecen con una mentalidad positiva hacia el amor y la sexualidad.

16. Decoro: es necesario ya que la sexualidad es sagrada como creación de Dios porque forma parte del orden de la creación. El decoro no es ignorancia, sino inteligencia,

sencillez y devoción. Intimidad: El amor exige intimidad y cuando se expresa en público, pierde algo. La intimidad otorga libertad a la pareja.

17. Existe una estrecha relación, ya que una vida cristiana espiritual y dedicada a Dios debe lograr un buen ajuste sexual. No hay incompatibilidad entre la vida espiritual y la sexualidad.

18. Como cualquier don de Dios, la sexualidad también puede ser trastornada por el pecado. Cuando se practica fuera del matrimonio, es decir, del plan del Dios creador, se vuelve destructiva y pecaminosa.

19. Respuesta personal.

20. Respuesta personal.

21. Respuesta personal. Algunas consecuencias serían: Una pareja sin preparación prematrimonial puede caer en frustración y, en el peor de los casos, en adulterio y, finalmente, divorcio. Muchas veces el problema radica en una falta de información sobre la sexualidad y la importancia de su ajuste en la relación matrimonial.

Comprobación de las preguntas del estudio bíblico

1. Toda la historia que sigue demuestra que Jesús tenía el propósito específico de encontrar a esta mujer necesitada de salvación.

2. Era una mujer de Samaria. Por tal motivo no se trataría con los judíos ni recibiría atención alguna de parte de ellos. Era una mujer con una vida irregular, cambiaba de marido con cierta frecuencia. Tenía ciertos conocimientos teológicos y de la historia de Israel. Es más, buscaba al Mesías.

3. La sorpresa parece que fue porque se trataba de un judío. Y, como hemos señalado, ellos y los samaritanos no se

trataban. (Nota: Juan Mateos comenta al respecto: «Al colocarse [Jesús] en el nivel de la necesidad corporal, afirmó la igualdad, suprimió la discriminación y dignificó a la mujer».)

4. Implica que Jesús rompió con todo tipo de barreras sociales y/o religiosas; que amaba al prójimo, quienquiera que fuera, pese a las diferencias sexuales, sociales, culturales, económicas, etc.
5. Revela amor por las personas, misericordia y compasión por los pecadores, profundo deseo de salvar a los perdidos.
6. Primero, preguntó en tono de duda si Él sería mayor que Jacob (v. 12). Luego, le pareció que Jesús era profeta ya que le reveló su vida. Finalmente, intuyó que podría tratarse del mismo Mesías.
7. Implica que no consideraba a las mujeres como seres humanos inferiores al varón. También indica que las verdades teológicas más importantes pueden ser comunicadas a seres que la sociedad desprecia, como el caso de las mujeres, sobre todo las samaritanas.
8. Dejó su cántaro para ir a la ciudad a proclamar lo que había experimentado. Hizo que muchos samaritanos vinieran a ver a Jesús, y muchos creyeron en Él luego de oírlo.
9. Reflexión personal.

Lección 3

Comprobación de las preguntas de repaso
1. a. Adán se relacionaba amistosamente con todos los animales.
   b. Adán vivía en un ambiente muy cómodo. c. Adán gozaba con la presencia de Dios.

2. El círculo vicioso en que hijos de hogares con problemas forman matrimonios conflictivos y a su vez estos últimos generan hogares peores. El círculo se puede romper con el poder del amor.

3. Es indispensable discernir cuáles son nuestras responsabilidades para tener una vida, un matrimonio y una familia con esas características.

4. El principio básico es: Las responsabilidades siempre determinan las relaciones, y éstas crean modelos.

5. La sumisión es una manera de ser y de vivir de cada cristiano. La clave está en saber si la mujer está dispuesta a someterse primero y principalmente al Señor. Si está dispuesta, entonces será capaz de sujetarse también a su marido.

6. El dictador actúa como jefe, al estilo militar. El marido que es cabeza conforme a la voluntad del Señor dirige con amor y en una actitud de servicio.

7. El autor lo explica en términos de igualdad espiritual, aunque tengan diferentes funciones. La base bíblica a que apela es Gálatas 3.28. A ello podríamos agregar que hay también igualdad en términos de creación, ya que fueron creados varón y mujer, igualmente a la imagen de Dios.

8. Porque eso no sería prudente, ya que a veces la mujer puede tener ideas buenas y útiles. Cristo mismo delega tareas a la Iglesia para que las realice, como la Gran Comisión.

9. La responsabilidad de la esposa es sujetarse al esposo y respetarlo, ya que será él quien tendrá que responder ante el Señor por las decisiones hechas. Él es el responsable.

10. a. Autocrático
   b. Sentimental

11. 2 Timoteo 3.15 y Tito 2.4. Otros textos importantes son: 2 Timoteo 1.5; Efesios 6.4; Colosenses 3.21.

12. a. Los padres deben enseñarles la Palabra de Dios a sus hijos como una muestra del amor que les profesan.

   b. El amor es una especie de «legado generacional». Las madres deben enseñar a sus hijas casadas a amar a sus hijos.

13. Los padres aman a Dios. Se aman el uno al otro. Aman a sus hijos y éstos corresponden con el mismo amor a sus padres, y se aman como hermanos.

14. Conversar con el niño, escucharlo. Abrir las puertas y ventanas de la comunicación fluida con el niño.

15. Espacio privado, ropa limpia, tiempo, alimentación y ejercicio, etc.

16. a. Sirven pava impartir enseñanza acerca de hechos importantes de la vida.

   b. Por ejemplo, el nacimiento de un niño puede dar lugar a hablarles del milagro de la concepción, de la alegría que Dios trae a los hogares con la llegada de un bebé, y aun del nuevo nacimiento (el alumno puede pensar en otras ilustraciones).

17. Respuesta personal. Una idea: Es importante porque así pueden percatarse realmente de la relevancia de esas decisiones y de que la fe cristiana no es algo que se hereda. Cada uno responsable ante Dios por sus decisiones.

18. a. Desarrolla su confianza.

   b. Contribuye a su seguridad.

   c. Recibe un adiestramiento que le sirve para toda su vida.

19. Instintivamente desarrolla una opinión positiva de sí mismo, de sus hermanos y hermanas, y del mundo en gene-

ral. Es decir, se genera en él una mente positiva.

20.a. Porque es natural dentro del proceso de aprendizaje para la vida. b. Hay que alarmarse cuando las tensiones superficiales continúan con el paso de los años y se transforman en aborrecimiento, odio, etc.

21. Porque deben ser un testimonio del poder de Cristo en la vida diaria.

22. Abnegación. Activa. Cooperadora, etc.

23. Éxodo 20.12; Levítico 20.9; Santiago 2.14-20; 1 Timoteo 5.8.

24. No deben querer reasumir el control de la familia de sus hijos. Deben contentarse con jugar un rol secundario. ¡Qué difícil!

Comprobación de las preguntas del estudio bíblico

1. Isaac estaba viejo y ciego. Una situación triste en la que la persona está como despidiéndose de la vida.

2. a. Sí, creo que fue una situación propicia para que Rebeca se aprovechara y lograra sus fines.

   b.   Revela falta de lealtad.

3. Eran dos deseos: por un lado, quería un guiso con carne de caza y, por otro, deseaba dar a su hijo la bendición.

4. a.   Fue una actitud engañosa, totalmente detestable.

   b.   Implica falta de sujeción de la esposa a la autoridad del marido.

5. a.   La frase que se repite es: «Obedece a mi voz». Implica el fuerte deseo de que se haga su propia voluntad (capricho).

   b.   En ningún momento se le ocurre decir: «Que sea la voluntad de Jehová», ni siquiera «obedece a tu padre».

6. a.   Tenía temor.

   b.   La frase que lo indica claramente es: «Me tendrá por burlador, y traeré sobre mí maldición y no bendición».

Jacob tenía temor de Dios y de su padre, y sentía que una actitud como la que tramaba su madre era algo que traería perjuicio, maldición.

7. El texto dice expresamente que «amó Isaac a Esaú, porque comía de su caza; mas Rebeca amaba a Jacob». Quiere decir que papá y mamá tenían su «hijo favorito». Esto causaría profundos problemas en la vida familiar como, en efecto, los trae cuando en un hogar hay hijos que son más queridos y favorecidos en detrimento de otros. Nada más pernicioso para los hijos (rivalidad, celos, etc.) y para la familia toda.

8. Por lo menos tres veces: versículos 19, 20, y 24.

9. El hecho de que involucre a Dios en su mentira al decir: «Porque Jehová tu Dios hizo que la encontrase delante de mí». Esto muestra al menos dos cosas: que la mentira no conoce escrúpulos y que cuando se miente una vez, para «salir del paso», hay que seguir mintiendo.

10. Un gran estremecimiento por haber dado ya la bendición a su hijo impostor.

11. Con amargura, exclamación, lágrimas.

12. Aborrecimiento. Planeó matarlo. ¡Hasta dónde puede llegar el odio entre hermanos!

13. Otra vez le dice que le obedezca; que fuera a la casa de Labán, su tío, hasta que el enojo de Esaú se mitigara.

14. a. Ninguna felicidad, ninguna dicha.

    b. Se obstinó de su propia vida y no quería vivir.

15. a. Se podría haber evitado si cada miembro de la familia hubiera ocupado el lugar que le correspondía y funcionado de acuerdo con su papel natural.

    b. Opinión personal.

16. a. El padre optó por tener su hijo favorito: Esaú; acaso, porque le traía ricos guisados del campo. La madre

tuvo su preferencia por Jacob. A la vez, mientras este último era un muchacho quieto, que vivía en tiendas, su hermano Esaú era hombre de campo, fuerte y cazador.

b.   Casi toda la culpa, ya que ambos distinguían entre los hermanos, teniendo cada uno su «hijo favorito».

c.   Una cónducta amorosa e imparcial hacia todos los hijos por igual, sin mostrar distinciones ni favoritismos. Así no habría habido rivalidades, etc. Por otra parte, Rebeca debiera haber sido una mujer sujeta a la autoridad de su marido, cosa que no se observa.

d.   Fundamentalmente, se podrían señalar tres: primero, falta de sujeción y respeto de la esposa hacia el esposo; segundo, tener hijos favoritos, es decir, mostrar parcialidad hacia ellos; tercero, preferencias entre hermanos. También revela falta de confianza en Dios.

Lección 4

Comprobación de las preguntas de repaso

1. Creen que su matrimonio será feliz y sin problemas.
2. (a) Presentar algunas de las armas de la batalla matrimonial. (b) Ofrecer algunas sugerencias que sirven para restaurar y construir puentes de comunicación. (c) Señalar algunos pasos para vivir sabiamente en el hogar.
3. Respuesta personal.
4. Después de la ira, la explosión, una discusión calurosa, palabras hirientes y bombas de profundidad.
5. Reconocer que los dos tienen la culpa.
6. Revela incapacidad o falta de deseo de solucionar el problema.
7. Llega a ser un escape de la realidad, una negativa a enfrentar el problema, una manipulación.

8. Revela que la persona es como un niño.
9. Acudir donde un consejero cristiano o leer un libro que trate con el tema.
10. Se usa el arma sexual negándose sexualmente al otro. El peligro es que el otro buscará satisfacción con una persona fuera del matrimonio.
11. Revela debilidad de carácter, incapacidad de enfrentar problemas. Es síntoma de problemas más serios.
12. Respuesta personal
13. Sabiendo que las relaciones humanas son frágiles, aconseja a los hermanos amonestarse los unos a los otros.
14. Estar lleno de bondad y conocimiento.
15. Es necesario la sabiduría divina para saber si el tema merece discutirse, como comenzar la discusión, qué puntos tratar, y cuáles palabras usar.
16. No se debe discutir ante los hijos, porque el tema a veces tiene que ver con ellos, y también para mantener la naturaleza y el tema de desacuerdo privado.
17. Use lenguaje sencilla, argumento lógico y claro, y con serenidad.
18. La ira suele quitar la calma y usted pierde la lógica.
19. Es difícil porque tenemos que admitir que no hemos equivocado.
20. La ética del mundo es "no ser débil, no cede el punto". La cristiana mantiene que cuando nos equivoquemos, hay que admitirlo y pedir perdón.
21. Mantener el matrimonio sano requiere sacrificio de parte de ambos cónyuges.
22. Sinceridad, conocimiento, confianza, compartimiento, aprecio y apoyo mutuo, respeto, tiempo adecuado, aceptación incondicional.

23. Es un principio bíblico y una base psicológica aplicable a toda familia.
24. Respuesta personal.
25. Respuesta personal.
26. Respuesta personal.
27. Respuesta personal.
28. Respuesta personal.

Comprobación de las preguntas del estudio bíblico

1. Andan en la vanidad de su mente, teniendo el entendimiento entenebrecido, ajenos de la vida de Dios por la ignorancia que en ellos hay, por la dureza de su corazón; los cuales, después que perdieron toda sensibilidad, se entregaron a la lascivia para cometer con avidez toda clase de impureza.
2. Conforme a la verdad.
3. Si la mente está renovada en Cristo, sería normal hablar la verdad, porque Cristo está caracterizado siempre por la verdad.
4. Mentir a un hermano en la fe es como hacer daño a sí mismo, pues somos miembros los unos de los otros en Cristo.
5. En el matrimonio, la unión es aun más íntima y fuerte que la unión entre hermanos. Entonces, el motivo para hablar la verdad es aun más fuerte también.
6. La ira pecaminosa es egoísta y sin fundamento en la palabra de Dios. La ira justa es ira provocada por la verdad. Por ejemplo, la ira de Jesús frente a los negocios en el Templo (Marcos 11:12-19), y la ira de Pablo frente a su trato injusto (Hechos 23:2-3). En todo caso, no debemos permitir que nuestra ira se vuelva en amargura, sino que debemos buscar la manera de enfrentar lo que causó la ira, e intentar solucionar el problema que es la raíz de ella.

7. Ninguna.
8. Una palabra que no edifica. Es decir, no son solamente palabras «sucias», sino palabras que se hablan con el motivo de herir, menospreciar, o hacer sentir mal la otra persona.
9. La palabra buena edifica y contribuye a la bendición de la otra persona.
10. Del corazón proceden las palabras que hablamos. El mal uso de la lengua demuestra que nuestro corazón no está bien, y esto entristece a Dios (el Espíritu Santo).
11. Gritería y maledicencia.
12. El perdonar mutuamente.
13. Respuesta personal.

Lección 5

Comprobación de las preguntas de repaso

1. Sacan de los ejemplos que les rodean, en especial del padre que han tenido. Ese fue el modelo.
2. Ignorancia. No querer tomar el liderazgo. Consecuente pérdida del liderazgo de inmediato o por falta de iniciativa o cuidado.
3. Implica honor y responsabilidad, no autoritarismo ni abuso de poder.
4. Es amor sacrificial, dar sin esperar que le den. Es amar sin condiciones, sin demandas.
5. a. Entregarse a sí mismo
   b. Santificarla
   c. Purificarla
   d. Presentársela a sí mismo
6. a. Sustentar significa proveer todo lo necesario para un buen desarrollo físico, y material.

b. Cuidar tiene la idea de calentar con calor físico. Apunta a una dimensión romántica.

7. a. Expresar el cariño a través de hechos pequeños.

b. Expresar el amor en actos tangibles («Te regalaré una rosa, mi amor»).

c. Dar un «toquecito» de amor (beso, abrazo, caricia...).

d. Decirle alguna palabra de cariño y ternura.

8. Significa formar un hogar conforme al entendimiento y comprensión.

9. Se interpreta mal como referencia a que la mujer es débil e inferior.

10. Se refiere a la preciosidad personal y emocional de la mujer.

11. Instrumentos como la radio, la TV, los diarios y las revistas, que informan, educan, animan y distraen.

12. Reducida. Nuclear. Padre absorbido. Padre ausente.

13. Respuesta personal.

14. a. Denotativa: lo objetivo, lo explícito.

b. Connotativa: lo implícito, lo que añade significado.

15. Respuesta personal.

16. Técnica de difusión masiva a través de la cual una industria o empresa lanza un mensaje a un determinado grupo social de consumidores con el propósito de incitarlos a comprar un producto o usufructuar un servicio.

17. a. Progreso.

b. Placer.

18. Respuesta personal.

19. Respuesta personal.

Lección 6

Comprobación de las preguntas de repaso
Parte I
1-6 Todas son respuestas personales.

Parte II
1. A los 6: Actividad casi constante. Corre, trepa, etc.
A los 7: Repite la actividad. Es más tenso. Domina mejor los músculos de la cara.
A los 9: Usa más las manos en forma independiente. Puede mirar más tiempo sin pestañear. Se le puede enseñar más la Palabra de Dios.

2. A los 6: Conducta impulsiva y cambiante. Pasa de la risa al llanto, y viceversa.
A los 7: Períodos de concentración. Adquiere conciencia de sí mismo y de los demás. Actúa con obsesión.
A los 8: Nociones de justicia y conciencia del grupo escolar.
A los 9: Buenas relaciones con sus compañeros de juego. Ordena información.

3. Cinco características
a. Participa de las discusiones de los adultos.
b. Las niñas se muestran más adelantadas.
c. Todavía hay desprecio por el sexo opuesto, pero empieza el compañerismo.
d. Susceptible a lo que diga la sociedad y a los prejuicios.
e. Se suma a ideas de bienestar y justicia.
Otros: juzga a sus padres; puede ser cruel; le aficionan los secretos.

4. Niño: experimenta erecciones con frecuencia.
   Niña: su cadera se ensancha y su busto se perfila.

5. Proclive a las peleas con sus hermanos. Rebeldía. Critica a sus padres. Fastidio. Disposición a la amistad.

6. a. A medida que los niños crecen, aumenta su conocimiento del bien y del mal, pero también su tendencia al engaño.

   b. Los niños de hogares de estratos sociales y económicos más bajos y familias inestables se desarrollan con más lentitud.

   c. La Escuela Dominical ha sido un factor positivo en el desarrollo moral y espiritual.

7-12. Respuestas personales.

Comprobación de las preguntas del estudio bíblico

1. a. Menospreciarla
   b. Desmayar o desanimarnos

2. Que Dios nos ama

3. Sí. Puede expresarse por medio de enfermedades, problemas económicos, etc. (cf. 1 Corintios 11.29-32).

4. Demostraría que no somos hijos de Dios sino bastardos (hijos ilegítimos).

5. a. Ellos son solo padres terrenales mientras que Dios es el Padre espiritual.

   b. Ellos nos disciplinan como les parece, lo cual implica que a veces pueden equivocarse Pero Dios nos disciplina con rectitud, y para que podamos participar de su santidad.

6. Porque su fruto o resultado es justicia, rectitud.

7. Obediencia. Su fundamento es que se trata de algo justo, correcto, de acuerdo con la voluntad de Dios.

8. Respuesta personal. Algunas ideas: Obediencia, atención cuando están enfermos, asistencia económica, etc.

9. Respuesta personal. Algunas ideas: Mandarles a hacer lo que nosotros no hacemos, ser incoherentes en la disciplina que aplicamos, mostrar favoritismo con alguno de ellos, etc.

10. Significa educarlos conforme a los mandamientos y la voluntad de Dios expresada en su Palabra. [Nota: «El vocablo «disciplina» es una traducción del griego *paideia*, que habla no tanto de información, sino de formación. Enfatiza la instrucción mediante la corrección. Habla de enseñanza, instrucción, disciplina, y aun castigo.» (Guillermo Taylor).]

Lección 7

Comprobación de las preguntas de repaso

1. Elaboración personal. Cualquier definición debe contener por lo menos los siguientes elementos: mayordomía es servicio y reconocimiento de que todo es de Dios.

2. a. Santiago 1.16,17.
   b. 1 Corintios 4.7.

3. Opinión personal. Algunas ideas son: Porque por el dinero la gente roba, mata, traiciona.

4. Respuesta personal. Algunas razones son: Porque fijar prioridades ayuda a discriminar lo esencial de lo complementario. Ayuda también a la hora de invertir el dinero.

5. Afanarse y estar ansioso produce un estado de desequilibrio emocional que caracteriza a la neurosis. Ser cauto, en cuanto a lo que necesitará la familia, es aplicar sabiduría práctica para ahorrar, utilizar gradualmente nues-

tros fondos, etc. (Estas son algunas ideas. El alumno puede pensar en otras razones.)

6. a. Vivir en carne propia las prioridades cristianas hacia el dinero.

   b. Darles una pequeña suma semanal para su propia administración.

   c. Darles algún trabajo en la casa.

7. Opinión personal. Vivir bajo un presupuesto es posible, siempre y cuando se quiera hacer.

8. Ofrendan de los que les sobra. Dan limosnas.

9. Opinión personal. Algunas causas son: falta de compromiso con Jesucristo, no haberse dado primeramente al Señor, falta de enseñanza clara en la iglesia.

10. Génesis 14.17-20; 28.20-22; Deuteronomio 12.6,17,18; 14.22-29; 26.12.

11. a. Debemos tener un plan personal.

    b. Dios quiere tenernos a nosotros mismos como ofrenda.

    c. La actitud cristiana al ofrendar es clave.

    d. Espíritu de ofrendar con generosidad.

    e. Dios cuida de sus dadores y los bendice.

12. Tener un plan personal. Sin embargo, debemos reconocer que existen tres esferas que hay que tener en cuenta:

1) Lo que enseña la Biblia.

2) La guía del Espíritu Santo.

3) La sujeción a su iglesia. En todo esto no es aconsejable dejarse llevar por las emociones.

13. Opinión personal. No representa el espíritu del Nuevo Testamento que nos dice que debemos dar más allá de nuestras fuerzas y conforme hayamos prosperado.

14. Aprenden de los padres a ofrendar al Señor con regularidad y alegría.

Lección 8

Comprobación de las preguntas de repaso

Parte I

1. La etapa en la cual un hombre y una mujer establecen una relación única y exclusiva basada en el amor y con fines de culminar en matrimonio.
2. Opinión personal.
3. El propósito de culminar en matrimonio.
4. Afecto, emoción, sentimiento, atracción sexual, entrega y servicio.
5. Opinión personal.
6. Que sea creyente.
7. Opinión personal.
8. Intelectual: cómo piensa mi futuro compañero(a).
   Afectiva: Aprender los códigos del amor mutuo.
   Emocional: Qué cosas le gustan y cuáles le disgustan.
   Espiritual: Qué planes tiene mi compañero (a) para el servicio del Señor.
9. Porque ambos son creación de Dios y se complementan. Amamos como personas totales y no en diferentes longitudes de onda.
10. a. Riesgos.
    b. Compromisos
11. Opinión personal.
12. Opinión personal.

Parte II

1. Respuesta personal.
2. a. Autoconmiseración.
   b. Resentimiento.

    c. Envidia.
3. Respuesta personal.
4. a. Simpatía y cordial acercamiento.
    b. Crear programas adecuados para ellos.
5. a. Aceptar la soltería como parte del plan de Dios.
    b. Buscar formas adecuadas de acción y servicio.
6. Opinión personal.

Parte III

1. Porque la gran cuestión es cómo ayudar a los que han fracasado. Es una cuestión pastoral.
2. Porque es un momento de apertura espiritual.
3. Culpa real es pecado, transgresión de la ley de Dios. Culpa ficticia: Falsa culpa que viene de la sociedad o de la misma persona y su cultura.
4. Respuesta personal.
5. Opinión personal.
6. Se sienten como estirados por dos lados: papá y mamá. Resultan víctimas.
7. Opinión personal.
8. a. Recomendarle que no tomen decisiones drásticas en los próximos meses.
    b. Ayudarles a mantener la esperanza en Dios.

Parte IV

1. Iglesias, agencias sociales, organismos estatales.
2. a. Poca atención y aceptación de los padres.
    b. Falta de espiritualidad en el hogar.
    c. Falta de educación sexual.
3. a. Obtener aprobación ajena.
    b. Deseo de casarse.
    c. Retener al novio y obligarlo a casarse.

4. Respuesta personal.
5. a. Porque los pecados sexuales generan remordimiento y vergüenza.
   b. Necesita comprender que Dios perdona.
6. Opinión personal.
7. Si las condiciones son favorables, sería el hogar que formen papá y mamá. En caso contrario, sería en un hogar donde lo adopten.

Parte V

1. El promedio de vida aumenta año a año. Un 10% de la población de América Latina se encuentra por encima de los 65 años. La población en los Estados Unidos se ha duplicado desde 1900. El número de personas entre 45 y 64 años se ha cuadriplicado.
2. El problema de la pérdida paulatina de familiares y amigos con sentimiento de soledad y abandono, disminución de ingresos por jubilación, disminución de vigor físico y psíquico. Necesidad de adaptación a nuevas situaciones.
3. Las fuerzas disminuyen y también la agudeza de algunos sentidos así como la capacidad de reacción del sistema nervioso.
4. Soledad, depresión, tristeza, quejas, recriminaciones.
5. Respuesta personal.
6. a. Una perspectiva positiva. El anciano debe ser respetado y apreciado como persona. Su experiencia es válida para las generaciones jóvenes.
   b. Actitudes que correspondan a los principios enunciados.
   c. Respuesta personal.

Este curso introduce al obrero cristiano a varios conceptos psicológicos prácticos que le ayudarán en su ministerio. Explica la historia y disciplina de la psicología y como ésta se entiende desde el punto de vista de la fe cristiana. Explica cómo se desarrolla un niño, cómo una persona aprende y percibe el mundo que le rodea, y cómo operan las emociones, la motivación y se forma su personalidad.